RECLUTAMIENTO 2.0

Conecta y Contrata con Éxito en LinkedIn para Atraer al Talento Ideal

CONSULTORIA IA

Copyright © 2024 CONSULTORIA IA

All rights reserved

The characters and events portrayed in this book are fictitious. Any similarity to real persons, living or dead, is coincidental and not intended by the author.

No part of this book may be reproduced, or stored in a retrieval system, or transmitted in any form or by any means, electronic, mechanical, photocopying, recording, or otherwise, without express written permission of the publisher.

Cover design by: Art Painter
Library of Congress Control Number: 2018675309
Printed in the United States of America

A NUESTRA FAMILIA

CONTENIDOS

Titulo

Derechos de autor

Dedicatoria

Breve Reseña

Audiencia Objetivo

Por qué leer Reclutamiento 2.0: Conecta y Contrata con Éxito en LinkedIn para Atraer al Talento

Prefacio de Reclutamiento 2.0: Conecta y Contrata con Éxito en LinkedIn para Atraer al Talento Ideal

Introducción: La Revolución del Reclutamiento en la Era Digital

Capítulo 1: Optimiza tu Perfil para Atraer Talento

Capítulo 2: Estrategias Avanzadas de Búsqueda en LinkedIn

Capítulo 3: La Conexión Auténtica: Construyendo Relaciones con Candidatos

Capítulo 4: Creando una Marca Empleadora Atractiva

Capítulo 5: Estrategias de Seguimiento y Cierre de Contratación

Apéndices: Recursos y Herramientas para el Reclutador Digital

BREVE RESEÑA

Reclutamiento 2.0: Conecta y Contrata con Éxito en LinkedIn para Atraer al Talento Ideal es una guía práctica y actualizada que muestra cómo aprovechar al máximo LinkedIn para el reclutamiento de talento. Este libro desglosa las mejores estrategias para crear un perfil atractivo, identificar y acercarse a los candidatos ideales, y establecer conexiones efectivas con profesionales. Además, profundiza en las herramientas y técnicas avanzadas de LinkedIn para maximizar la visibilidad, optimizar las búsquedas y construir una red que impulse el éxito en la adquisición de talento en la era digital. Ideal para reclutadores y empresas que buscan destacarse en un mercado competitivo.

AUDIENCIA OBJETIVO

La audiencia objetivo de Reclutamiento 2.0: Conecta y Contrata con Éxito en LinkedIn para Atraer al Talento Ideal incluye:

1. Reclutadores y profesionales de recursos humanos: Aquellos encargados de identificar, atraer y contratar talento, que buscan mejorar su enfoque y optimizar su uso de LinkedIn.

2. Gerentes de contratación y líderes de equipo: Profesionales involucrados en el proceso de selección de personal que desean desarrollar una estrategia más efectiva para captar candidatos ideales.

3. Empresas y emprendedores: Negocios que buscan fortalecer sus equipos de trabajo y mejorar su presencia en LinkedIn para atraer candidatos cualificados.

4. Consultores de talento: Expertos en gestión del talento o consultores que asesoran a empresas en sus procesos de reclutamiento y buscan nuevas herramientas y estrategias para mejorar los resultados.

5. Profesionales de LinkedIn y marketing digital: Aquellos interesados en explorar cómo utilizar LinkedIn como una plataforma de reclutamiento y marca empleadora, aplicando técnicas de marketing y conexión en redes sociales.

6. Estudiantes y recién graduados en RRHH: Nuevos profesionales que quieren adquirir habilidades modernas de reclutamiento y estar al día con las mejores prácticas digitales.

El libro está diseñado para todos los niveles de experiencia, desde principiantes hasta expertos, que deseen mejorar la forma en que usan LinkedIn para encontrar y atraer el mejor talento.

¿POR QUÉ LEER RECLUTAMIENTO 2.0: CONECTA Y CONTRATA CON ÉXITO EN LINKEDIN PARA ATRAER AL TALENTO IDEAL?

1. Dominio de LinkedIn como herramienta de reclutamiento: Este libro te enseña a aprovechar al máximo LinkedIn, la plataforma profesional más grande del mundo, para encontrar y atraer candidatos cualificados de manera eficiente.

2. Estrategias avanzadas y probadas: Aprenderás técnicas actualizadas y prácticas de reclutamiento digital, desde cómo optimizar tu perfil y búsquedas hasta cómo establecer conexiones auténticas y convertirlas en oportunidades de contratación.

3. Ahorro de tiempo y recursos: Al mejorar tu proceso de búsqueda y selección de talento en LinkedIn, reducirás costos y tiempo invertidos en encontrar a los candidatos ideales, mejorando la eficiencia de tu reclutamiento.

4. Atraer a los mejores talentos: No solo encontrarás a candidatos, sino que sabrás cómo atraer a los mejores talentos con una estrategia sólida de marca empleadora y comunicación efectiva en LinkedIn.

5. Adaptarse a las tendencias del mercado laboral: En un entorno laboral cada vez más digital y competitivo, este libro te prepara para sobresalir en la búsqueda de talento a través de herramientas y enfoques adaptados a las demandas actuales.

6. Guía práctica y accesible: Ya sea que seas un profesional de RRHH experimentado o un novato en LinkedIn, este libro ofrece consejos aplicables y ejemplos prácticos para mejorar tus habilidades y resultados de manera inmediata.

Leer este libro es esencial para cualquier reclutador o gerente de contratación que quiera destacarse en la era digital y optimizar sus procesos de adquisición de talento.

PREFACIO DE RECLUTAMIENTO 2.0: CONECTA Y CONTRATA CON ÉXITO EN LINKEDIN PARA ATRAER AL TALENTO IDEAL

E l mundo del reclutamiento ha cambiado drásticamente en los últimos años. La digitalización y el auge de las redes sociales han transformado la manera en que las empresas buscan, conectan y contratan a sus futuros empleados. Entre estas plataformas, LinkedIn ha emergido como una herramienta clave para los profesionales de recursos humanos y los reclutadores, proporcionando acceso a una red global de talentos como nunca antes.

Este libro, Reclutamiento 2.0: Conecta y Contrata con Éxito en LinkedIn para Atraer al Talento Ideal, surge de la necesidad de ofrecer una guía práctica y accesible para navegar esta plataforma de manera efectiva y estratégica. A lo largo de mi carrera, he visto cómo el éxito en el reclutamiento no depende solo de encontrar a los candidatos correctos, sino de saber cómo atraerlos, conectar con ellos y finalmente cerrar el ciclo de contratación con éxito. LinkedIn ofrece las herramientas para hacer todo esto, pero requiere un enfoque estructurado y especializado que pocos dominan por completo.

En este libro, encontrarás un recorrido detallado por las mejores prácticas de reclutamiento en LinkedIn, desde cómo crear un perfil atractivo y efectivo, hasta cómo utilizar las búsquedas avanzadas para localizar a los candidatos ideales. También exploraremos cómo construir una marca empleadora fuerte y cómo nutrir relaciones con profesionales que se alineen con los valores y las necesidades de tu empresa.

Mi intención no es solo que aprendas a usar LinkedIn, sino que puedas convertirlo en un motor esencial para tu estrategia de reclutamiento, ayudándote a atraer el mejor talento en un mundo laboral cada vez más competitivo. Independientemente de tu nivel de experiencia, estoy seguro de que encontrarás herramientas y estrategias valiosas que potenciarán tus capacidades como reclutador.

Bienvenido a esta aventura de reclutamiento digital. LinkedIn está lleno de posibilidades, y este libro está diseñado para ayudarte a descubrir y aprovechar cada una de ellas.

¡Empecemos!

CONSULTORIA IA

INTRODUCCIÓN: LA REVOLUCIÓN DEL RECLUTAMIENTO EN LA ERA DIGITAL

Vivimos en una época en la que el mundo laboral ha cambiado de manera radical. La tecnología ha transformado prácticamente todos los aspectos de nuestras vidas, desde cómo nos comunicamos hasta cómo trabajamos, compramos y socializamos. Y el proceso de reclutamiento no ha sido la excepción. De hecho, estamos presenciando una auténtica revolución en la forma en que las empresas encuentran, evalúan y contratan talento. En el centro de esta revolución se encuentra LinkedIn, la plataforma líder en el ámbito profesional, que ha redefinido las reglas del juego en el reclutamiento en la era digital.

Atrás quedaron los días en que la búsqueda de empleo y la contratación se limitaban a anuncios en los periódicos o a dejar currículums impresos en las oficinas de recursos humanos. Hoy, la conectividad digital y las redes sociales profesionales han abierto un abanico de posibilidades tanto para las empresas como para los candidatos. Y LinkedIn, con su vasto ecosistema de profesionales y su potente conjunto de herramientas de reclutamiento, ha emergido como el epicentro de esta nueva era. Pero ¿qué es lo que realmente hace a LinkedIn tan relevante en el reclutamiento moderno? ¿Cómo ha logrado transformar la forma en que las empresas encuentran a su próximo gran empleado y cómo los profesionales descubren su siguiente oportunidad?

En esta nueva era, donde la competencia por el talento es más feroz que nunca, las empresas necesitan una estrategia de reclutamiento eficaz y bien adaptada a los tiempos. La tecnología digital no solo ha ampliado el acceso a un mayor grupo de candidatos, sino que también ha cambiado las expectativas tanto de los empleadores como de los candidatos. Hoy en día, los profesionales buscan algo más que un salario competitivo; quieren formar parte de una cultura organizacional que se alinee con sus valores, desarrollar sus habilidades y tener un impacto significativo en el mundo. Aquí es donde LinkedIn se convierte en un recurso imprescindible. Esta plataforma no solo facilita la búsqueda de candidatos cualificados, sino que también permite a las empresas presentar su marca de una manera auténtica y atractiva, logrando atraer el talento adecuado en lugar de simplemente llenar vacantes.

La Importancia de LinkedIn en el Reclutamiento Moderno

LinkedIn ha demostrado ser una herramienta esencial en el mundo del reclutamiento moderno por varias razones clave. En primer lugar, LinkedIn proporciona acceso a una base de datos masiva de profesionales en prácticamente todas las industrias y niveles de experiencia. Con más de 900 millones de usuarios registrados en todo el mundo, LinkedIn se ha convertido en la mayor red profesional global. Este acceso a una red tan extensa es inigualable en comparación con cualquier otro recurso tradicional o digital, y brinda a los reclutadores la oportunidad de conectar con candidatos de cualquier rincón del mundo.

Sin embargo, el verdadero valor de LinkedIn no radica solo en el volumen de usuarios, sino en la calidad de las interacciones y la información disponible. Los perfiles de LinkedIn ofrecen una visión más rica y matizada de los candidatos que los currículums tradicionales. Además de listar habilidades y experiencias, los usuarios pueden compartir contenido relevante de su industria, participar en debates, seguir a líderes de opinión y mostrar recomendaciones de otros profesionales. Esto permite a los reclutadores obtener una imagen más clara y completa de los candidatos, ayudándoles a evaluar no solo sus competencias técnicas, sino también su personalidad, estilo de trabajo y nivel de compromiso con su profesión.

En este sentido, LinkedIn se diferencia de otras plataformas o métodos de reclutamiento al ser un espacio de interacción continua, donde tanto candidatos como empleadores pueden construir relaciones y reputaciones a lo largo del tiempo. Esto ofrece una ventaja competitiva a las empresas que desean mantener un pipeline activo de talento, ya que pueden interactuar con profesionales mucho antes de que surja la necesidad de cubrir una posición. Además, los reclutadores pueden rastrear las trayectorias profesionales de sus contactos, identificar cuándo alguien podría estar buscando una nueva oportunidad y estar siempre al tanto de las últimas tendencias y movimientos en la industria.

Por otro lado, LinkedIn no solo es beneficioso para los reclutadores, sino también para los profesionales en busca de empleo o nuevas oportunidades. Las personas ya no tienen que esperar a que una oferta de empleo se publique para postularse; pueden mostrar su trabajo, sus logros y su experiencia de manera activa y continua. Esto crea un ambiente en el que el reclutamiento se convierte en un proceso proactivo en lugar de reactivo, en el que tanto empleadores como empleados pueden tomar el control de su destino profesional.

Cómo LinkedIn Ha Cambiado las Reglas del Reclutamiento

Uno de los cambios más notables que ha traído LinkedIn al mundo del reclutamiento es la transparencia y la accesibilidad. Antes de la llegada de esta plataforma, las empresas y los candidatos a menudo operaban en la oscuridad. Los reclutadores se basaban en redes personales limitadas, y los candidatos tenían pocas opciones para conocer realmente las oportunidades laborales más allá de lo que aparecía en un anuncio. LinkedIn ha democratizado el acceso a la información, haciendo que tanto los empleadores como los candidatos estén más informados que nunca.

Para los reclutadores, LinkedIn ha proporcionado herramientas de búsqueda y filtrado que permiten encontrar a los candidatos ideales de manera eficiente y precisa. Desde la capacidad de buscar personas con habilidades específicas hasta la opción de publicar ofertas de trabajo dirigidas a audiencias concretas, LinkedIn permite a las empresas afinar sus estrategias de reclutamiento. Además, LinkedIn facilita la construcción de relaciones a largo plazo con el talento. En lugar de simplemente revisar currículums, los reclutadores pueden interactuar con candidatos potenciales mediante mensajes personalizados, lo que les permite captar la atención de los profesionales más demandados en el mercado.

Otra de las formas en que LinkedIn ha cambiado el panorama es mediante la creación de comunidades profesionales. Los grupos de LinkedIn permiten a los profesionales de diversas industrias conectarse, discutir temas relevantes, y compartir oportunidades laborales. Para los reclutadores, participar en estos grupos no solo ayuda a identificar candidatos altamente cualificados, sino que también es una forma de estar al tanto de las tendencias de la industria y fortalecer la marca de la empresa como un empleador deseado.

Además, la capacidad de LinkedIn para proporcionar una evaluación inicial más completa de los candidatos ha acelerado el proceso de selección. Las empresas pueden ver cómo un candidato interactúa en su red, leer publicaciones que ha compartido, y revisar recomendaciones de colegas, lo que brinda una visión integral antes de siquiera agendar una entrevista. Esta información valiosa permite a las empresas tomar decisiones más informadas y reducir el riesgo de contratar a alguien que no encaje con la cultura o las expectativas de la organización.

Branding de Empleador: El Poder de la Primera Impresión

Uno de los aspectos fundamentales del éxito en LinkedIn es el branding de empleador. En la actualidad, los profesionales buscan mucho más que simplemente un empleo; buscan un entorno donde puedan crecer, desarrollarse y alinear sus valores personales con los de la organización. LinkedIn permite a las empresas mostrar su cultura, misión, visión y beneficios de una manera única y auténtica. Una página de empresa bien gestionada en LinkedIn puede ser la diferencia entre atraer al mejor talento o perderlo frente a la competencia.

Las empresas que destacan en LinkedIn lo hacen porque entienden la importancia de transmitir una imagen sólida y coherente de quiénes son y qué representan. Las publicaciones de la empresa, los testimonios de empleados y los logros de la organización se convierten en herramientas poderosas para atraer a los candidatos adecuados. Y es que el talento ideal no solo busca un salario competitivo; quiere trabajar en un lugar donde se sienta valorado, motivado y con oportunidades de desarrollo.

Una estrategia efectiva de branding de empleador en LinkedIn se basa en varios pilares. En primer lugar, la autenticidad es clave. Las empresas deben ser transparentes sobre sus valores y su cultura laboral, destacando los aspectos que realmente definen quiénes son. Esto puede incluir historias de empleados, testimonios de clientes, o incluso contenido detrás de cámaras que muestre el día a día en la organización. En segundo lugar, la consistencia es fundamental. No se trata solo de publicar contenido una vez y esperar resultados; las empresas que tienen éxito en LinkedIn son aquellas que mantienen una presencia activa y constante, mostrando su compromiso con el desarrollo de su equipo y la satisfacción de sus empleados.

LinkedIn: Un Canal de Reclutamiento en Evolución Constante

LinkedIn ha demostrado ser más que una simple plataforma para conectar profesionales. Con el tiempo, ha evolucionado para incluir funcionalidades de inteligencia artificial y automatización que optimizan aún más el proceso de reclutamiento. Desde herramientas que sugieren candidatos basados en algoritmos hasta la posibilidad de realizar entrevistas iniciales a través de la plataforma, LinkedIn se está convirtiendo en un canal de reclutamiento completo que ahorra tiempo, esfuerzo y recursos tanto para empresas como para candidatos.

Además, LinkedIn ofrece una ventaja que otras plataformas simplemente no pueden igualar: la capacidad de crear y nutrir una red de contactos que va más allá del proceso de contratación. Los reclutadores pueden identificar potenciales empleados a largo plazo, mientras que los candidatos pueden construir una reputación y una marca personal que los haga destacar en el mercado. En un mundo donde las habilidades y las conexiones profesionales se valoran cada vez más, LinkedIn ofrece un espacio donde ambos elementos se combinan para generar oportunidades y relaciones laborales fructíferas.

LinkedIn ha revolucionado el mundo del reclutamiento y ha establecido un nuevo estándar para cómo las empresas atraen y contratan talento. No solo proporciona acceso a una vasta red de profesionales, sino que también permite a las empresas mostrar su identidad y cultura de manera auténtica y atractiva. En la era digital, donde la competencia por el mejor talento es más feroz que nunca, LinkedIn es la herramienta clave que toda empresa necesita para destacar, conectar y contratar con éxito.

Objetivos del libro y cómo aprovecharlo al máximo

El objetivo principal de Reclutamiento 2.0: Conecta y Contrata con Éxito en LinkedIn para Atraer al Talento Ideal es proporcionar a los lectores una guía práctica y detallada para optimizar su proceso de reclutamiento mediante el uso de LinkedIn. No se trata solo de aprender a manejar una herramienta digital, sino de entender cómo integrar LinkedIn de manera estratégica en las actividades de selección y contratación, creando una ventaja competitiva para cualquier empresa que busque atraer a los mejores talentos. Este libro está diseñado para transformarte en un experto en la plataforma y ayudarte a maximizar su potencial como recurso esencial en el proceso de reclutamiento moderno.

Objetivo 1: Comprender el poder de LinkedIn como plataforma de reclutamiento

LinkedIn es mucho más que un simple sitio para conectar profesionales o un lugar donde publicar currículums y vacantes. A través de sus múltiples funciones y características, LinkedIn ha evolucionado hasta convertirse en una herramienta indispensable para empresas y reclutadores que buscan no solo cubrir posiciones, sino también encontrar a los candidatos ideales que se ajusten tanto a las necesidades técnicas como a la cultura organizacional. Uno de los principales objetivos de este libro es mostrarte cómo LinkedIn puede ser mucho más que una base de datos de candidatos y convertirse en un recurso vivo para cultivar relaciones profesionales de largo plazo.

Aprovechar LinkedIn de manera estratégica implica comprender su verdadera capacidad para revolucionar el reclutamiento. Por ejemplo, una empresa de tecnología en rápido crecimiento puede utilizar la plataforma para construir su reputación como un empleador innovador y atractivo, participando activamente en debates del sector, publicando contenido relevante y mostrando testimonios de empleados sobre su experiencia en la compañía. De esta forma, LinkedIn no solo sirve para encontrar candidatos cuando surge una vacante, sino para crear una presencia sólida y visible que atraerá a los mejores talentos incluso antes de que busquen empleo activamente.

Este libro te guiará a través de ejemplos prácticos y casos de éxito sobre cómo diferentes industrias están utilizando LinkedIn para conectar con el talento adecuado. Desde startups tecnológicas hasta corporaciones multinacionales, LinkedIn ha demostrado ser una herramienta poderosa para reclutar de manera efectiva. El objetivo es que, al finalizar esta lectura, tengas una visión clara de cómo LinkedIn puede adaptarse a tu estrategia de reclutamiento y maximizar los resultados en tu organización.

Objetivo 2: Desarrollar una marca empleadora atractiva en LinkedIn

Otro de los pilares fundamentales de este libro es enseñarte cómo construir y proyectar una marca empleadora sólida y atractiva en LinkedIn. En el mundo digital actual, la marca de una empresa no solo está relacionada con los productos o servicios que ofrece, sino también con cómo se percibe como empleador. Los candidatos ya no buscan solo un salario competitivo; quieren trabajar en un lugar que se alinee con sus valores, que ofrezca oportunidades de crecimiento y que tenga una cultura organizacional inclusiva y motivadora.

Una empresa que quiera atraer talento de alto nivel debe estar dispuesta a mostrar su identidad de manera clara y coherente en LinkedIn. Por ejemplo, consideremos una consultora financiera que desea atraer a jóvenes talentos recién egresados de universidades de élite. Una estrategia exitosa podría incluir la publicación regular de contenido relacionado con innovación financiera, testimonios de empleados jóvenes que han crecido rápidamente dentro de la empresa, y videos que muestren la cultura interna, las actividades de team building o las oportunidades de desarrollo personal y profesional. Al hacer esto, la empresa no solo está cubriendo sus vacantes actuales, sino que está construyendo un canal continuo de talento joven que la verá como una opción de primer nivel en su búsqueda laboral.

El objetivo de este libro es enseñarte cómo puedes crear un perfil de empresa atractivo, con ejemplos concretos de empresas que han logrado diferenciarse en LinkedIn. Además, aprenderás a destacar los valores de tu compañía de manera auténtica y a construir una narrativa que resuene con el tipo de talento que deseas atraer. Para aprovechar este enfoque, es esencial que estés dispuesto a evaluar cómo se percibe actualmente tu empresa y qué elementos podrías mejorar o destacar para alinearte mejor con las expectativas del talento moderno.

Objetivo 3: Optimizar el proceso de búsqueda y selección de candidatos

Una de las herramientas más poderosas que LinkedIn ofrece es su función de búsqueda avanzada. A través de filtros detallados, los reclutadores pueden encontrar candidatos con habilidades específicas, experiencias previas en sectores relevantes, o incluso identificar personas que ya han mostrado interés en su industria. Este libro tiene como objetivo proporcionarte una comprensión clara y profunda de cómo utilizar estas herramientas para acortar el ciclo de contratación, mejorar la calidad de los candidatos y reducir los costos asociados al reclutamiento.

Imagina, por ejemplo, que estás buscando un ingeniero de software con experiencia en inteligencia artificial, dispuesto a trabajar en proyectos innovadores y de rápido desarrollo. LinkedIn no solo te permitirá buscar a personas con esa experiencia específica, sino que también te proporcionará información adicional sobre su actividad en la plataforma: qué artículos han publicado, a qué grupos pertenecen, qué líderes de opinión siguen y cómo interactúan con su red. Esta es una valiosa fuente de información que no obtendrías simplemente con un currículum tradicional, y te ayudará a evaluar mejor la idoneidad de los candidatos para tu organización.

El objetivo de este libro es enseñarte a sacar el máximo provecho de estas funciones avanzadas, ofreciendo estrategias y consejos prácticos para filtrar candidatos de manera efectiva, generar listas cortas de calidad y agilizar el proceso de selección. Te proporcionaremos ejemplos de cómo empresas de todo el mundo han reducido significativamente los tiempos de contratación utilizando LinkedIn, y te enseñaremos a implementar esas mismas técnicas en tu propio entorno laboral.

Objetivo 4: Crear contenido atractivo que atraiga al talento adecuado

El contenido es el rey en LinkedIn, y saber crear y compartir el contenido adecuado puede marcar la diferencia entre atraer a los mejores talentos o pasar desapercibido. En este libro aprenderás cómo las empresas pueden utilizar contenido en LinkedIn para atraer al talento que desean y fortalecer su imagen de marca. Ya no se trata solo de publicar ofertas de trabajo; se trata de generar contenido que enganche, inspire y motive a los profesionales a querer formar parte de tu organización.

Considera el caso de una startup tecnológica que busca programadores apasionados por las últimas tendencias en inteligencia artificial. En lugar de publicar solo una oferta de empleo, la empresa podría compartir artículos sobre sus últimos desarrollos en IA, realizar entrevistas con sus ingenieros sobre proyectos innovadores y fomentar la participación en debates sobre el futuro de la tecnología. Esta estrategia no solo atrae a candidatos cualificados, sino que también posiciona a la empresa como un líder en su campo, lo que es un atractivo adicional para el talento que desea trabajar en proyectos desafiantes y de alto impacto.

El objetivo aquí es que aprendas a crear un plan de contenido efectivo en LinkedIn que resuene con el tipo de talento que buscas. Ya sea mediante publicaciones escritas, videos, infografías o debates interactivos, LinkedIn ofrece una amplia variedad de formatos para conectar con tu audiencia ideal. A lo largo de este libro, te proporcionaremos ejemplos de empresas que han utilizado contenido estratégico para atraer a sus mejores empleados y te mostraremos cómo adaptar esas técnicas a las necesidades de tu empresa.

Objetivo 5: Construir una red de contactos activa y valiosa

Uno de los aspectos más poderosos de LinkedIn es la capacidad de construir y mantener una red de contactos activa y valiosa. En el reclutamiento, las conexiones personales y profesionales son clave para encontrar a los mejores talentos, y LinkedIn permite cultivar estas relaciones de manera efectiva y a gran escala. A través de este libro, te enseñaremos cómo identificar y conectar con personas clave en tu sector, así como cómo mantener y nutrir esas relaciones para que, cuando surja la necesidad de cubrir una vacante, ya tengas un pool de candidatos de confianza a los que acudir.

Por ejemplo, si trabajas en una empresa de marketing digital y necesitas contratar a un especialista en SEO, una red de contactos activa en LinkedIn te permitirá identificar rápidamente a los profesionales más influyentes en ese campo. Además, al interactuar regularmente con tu red, compartiendo contenido relevante y participando en debates de la industria, estarás construyendo una reputación sólida como empleador atractivo, lo que hará más probable que esos profesionales estén interesados en trabajar contigo cuando surja una oportunidad.

Este libro tiene como objetivo enseñarte a utilizar LinkedIn para construir relaciones profesionales duraderas y mutuamente beneficiosas. Te proporcionaremos estrategias y consejos prácticos para expandir tu red de contactos de manera efectiva, así como para mantener una interacción constante que mantenga a tu empresa en la mente de los mejores talentos.

Objetivo 6: Aprovechar las métricas y el análisis de datos en LinkedIn

Uno de los mayores beneficios de LinkedIn es su capacidad para ofrecer datos y métricas que pueden mejorar significativamente tu estrategia de reclutamiento. A través de este libro, aprenderás cómo interpretar y utilizar las estadísticas de LinkedIn para medir la efectividad de tus esfuerzos de reclutamiento. Desde la cantidad de visualizaciones de tus publicaciones hasta el origen de tus candidatos más exitosos, LinkedIn te ofrece una rica fuente de datos que, si se interpretan correctamente, pueden ayudarte a optimizar cada paso del proceso de contratación.

Por ejemplo, una empresa de ventas que busca aumentar la diversidad en su equipo puede utilizar las métricas de LinkedIn para identificar qué publicaciones están atrayendo a candidatos diversos, cuáles están generando más interacción y cómo los candidatos están respondiendo a las ofertas de empleo. Este análisis detallado permite ajustar la estrategia de contenido, afinar el mensaje y asegurar que las publicaciones lleguen a las audiencias correctas.

Al finalizar este libro, tendrás las herramientas necesarias para realizar un análisis profundo de tus esfuerzos en LinkedIn, lo que te permitirá ajustar tu enfoque y mejorar continuamente tu proceso de reclutamiento.

Cómo aprovechar al máximo este libro

Para sacar el máximo provecho de Reclutamiento 2.0, te recomendamos que lo abordes de manera activa, aplicando los conceptos y estrategias a medida que avances en la lectura. Este no es solo un libro para leer de manera pasiva; es una guía práctica diseñada para que implementes cambios reales en tu proceso de reclutamiento.

Aprovecha los estudios de caso y los ejemplos para inspirarte y adaptar las técnicas a tu propia realidad.

Objetivo	Métrica Clave	Resultado Antes de Implementar LinkedIn	Resultado Después de Implementar Estrategia en LinkedIn
Comprender el poder de LinkedIn como plataforma de reclutamiento	Número de candidatos aplicando a vacantes	50 por vacante	150 por vacante (↑200%)
Desarrollar una marca empleadora atractiva	Participación en contenido de la empresa (me gusta, comentarios, compartidos)	1,000 interacciones al mes	5,000 interacciones al mes (↑400%)
Optimizar el proceso de búsqueda y selección	Tiempo promedio para cubrir una vacante	45 días	25 días (↓45%)
Crear contenido atractivo que atraiga al talento adecuado	Número de visitas al perfil de empresa	10,000 visitas mensuales	30,000 visitas mensuales (↑200%)
Construir una red de contactos activa y valiosa	Crecimiento de la red de contactos de reclutadores	100 nuevos contactos por mes	350 nuevos contactos por mes (↑250%)
Aprovechar las métricas y el análisis de datos en LinkedIn	Tasa de conversión de candidatos a entrevistas	10%	25% (↑150%)
Diversidad en el equipo	Porcentaje de empleados contratados de grupos diversos	20%	35% (↑75%)

Tabla Resumen

CAPÍTULO 1: OPTIMIZA TU PERFIL PARA ATRAER TALENTO

LinkedIn es, sin duda, la plataforma líder para el reclutamiento y la búsqueda de empleo en la era digital. Con más de 700 millones de usuarios activos, la competencia es feroz, tanto para candidatos como para reclutadores. Optimizar tu perfil de LinkedIn es clave para atraer al talento adecuado. Un perfil bien diseñado y atractivo no solo ayuda a destacar entre miles de profesionales, sino que también envía un mensaje claro y potente sobre quién eres como profesional y qué valor puedes aportar. En este capítulo, te guiaré paso a paso por las claves para construir un perfil irresistible que actúe como un imán para atraer al mejor talento.

1. Define una Propuesta de Valor Clara

La base de cualquier perfil atractivo es una propuesta de valor clara. Esto no solo es válido para aquellos que buscan empleo, sino también para los reclutadores. ¿Qué te hace diferente de otros profesionales que buscan atraer talento en LinkedIn? ¿Qué cualidades, habilidades y experiencia te destacan? Tener claridad sobre estos aspectos es crucial.

Un error común que cometen muchos reclutadores es crear perfiles que simplemente listan sus funciones o puestos de trabajo anteriores sin pensar en la audiencia. Si deseas atraer al mejor talento, necesitas enfocarte en qué problemas puedes resolver y qué valor puedes aportar a las personas que visitan tu perfil. Piensa en tu propuesta de valor como una promesa: "Si te unes a nuestra empresa o equipo, esto es lo que puedes esperar de mí".

2. Crea un Título Persuasivo y Atrayente

El título de tu perfil de LinkedIn es la primera impresión que causarás. Es lo que aparece junto a tu nombre en los resultados de búsqueda, y juega un papel crucial en la atracción de visitas a tu perfil. Por defecto, LinkedIn usa tu cargo actual como título, pero esto es una oportunidad perdida. Un título persuasivo debe ir más allá de simplemente describir tu puesto. Debería incluir palabras clave relacionadas con tu sector y función, así como resaltar tu especialidad o lo que te hace único.

Por ejemplo, en lugar de "Gerente de Recursos Humanos", podrías optar por algo más enfocado a tus objetivos de atracción de talento, como: "Especialista en Reclutamiento de Top Talent | Conectando Empresas Innovadoras con Profesionales de Alto Impacto". Este pequeño cambio puede generar una gran diferencia, ayudando a destacar frente a otros perfiles más genéricos.

3. Optimiza Tu Foto de Perfil y Foto de Fondo

Tu foto de perfil es uno de los elementos más importantes de LinkedIn, ya que es lo primero que las personas ven al entrar en tu página. Una imagen profesional y de alta calidad genera confianza y ayuda a crear una conexión inmediata. Es importante que proyectes una imagen que se alinee con la cultura de tu empresa o los tipos de candidatos que deseas atraer. Por ejemplo, si estás buscando reclutar en una industria creativa, una imagen más relajada y amigable puede ser adecuada, mientras que en sectores más corporativos, una foto más formal podría ser más efectiva.

Además, no olvides la foto de fondo. Este espacio, muchas veces ignorado, es una gran oportunidad para reforzar tu marca personal o la de tu empresa. Puedes usar un banner que incluya los valores de la empresa, algún logro destacado o simplemente algo visualmente atractivo que hable sobre tu cultura organizacional. Este es un espacio excelente para transmitir una historia visual de lo que representas.

4. Personaliza Tu Resumen

El resumen es tu oportunidad de narrar tu historia profesional de manera atractiva y persuasiva. Esta sección debería reflejar tu propuesta de valor, pero en lugar de ser solo una lista de logros, debería estar escrita en un tono cercano, humano y accesible. Piensa en tu resumen como una conversación directa con aquellos que están interesados en conocerte. No temas mostrar tu personalidad, tus pasiones y lo que te motiva en tu trabajo.

Es recomendable comenzar con una frase gancho que capte la atención del lector. Por ejemplo: "Apasionado por conectar a empresas visionarias con el talento ideal que las llevará al próximo nivel". Luego, desglosa tu experiencia y habilidades de una manera que resuene con tu público objetivo, resaltando tus logros y cómo puedes ser un facilitador de su éxito.

No olvides incluir palabras clave que puedan ayudar a que tu perfil sea encontrado en las búsquedas. Sin embargo, no abuses de estas; la clave es que la lectura sea fluida y que las palabras clave encajen de manera natural en el texto.

5. Destaca Tu Experiencia Profesional

La sección de experiencia profesional es una de las más vistas en tu perfil. No se trata solo de listar tus empleos anteriores, sino de mostrar el impacto que has tenido en cada uno de ellos. En lugar de simplemente describir responsabilidades, enfócate en los logros y resultados concretos que obtuviste. Usa datos cuantificables siempre que sea posible. Frases como "Incrementé la tasa de retención de empleados en un 25% en dos años" o "Recluté a 50 profesionales clave para una expansión internacional" tienen un impacto mucho mayor que simplemente describir lo que hacías en el día a día.

Además, es importante adaptar esta sección al talento que deseas atraer. Si buscas candidatos en un sector específico, ajusta las descripciones de tus trabajos anteriores para resaltar cómo tu experiencia es relevante para ese público. Si te especializas en reclutar para empresas tecnológicas, destaca tu experiencia en trabajar con equipos de desarrollo, o si trabajas en retail, resalta cómo has liderado la contratación para grandes marcas en ese sector.

6. Muestra Tu Experiencia Voluntaria y Proyectos Personales

LinkedIn no es solo un lugar para mostrar tu trayectoria profesional formal. Cada vez más, los candidatos valoran trabajar con reclutadores que tienen una visión más amplia y holística del mundo. Mostrar tu experiencia en actividades voluntarias o proyectos personales es una excelente manera de humanizar tu perfil y mostrar tu compromiso con causas que pueden resonar con tus candidatos ideales.

No subestimes el poder de incluir tus proyectos personales. Si has trabajado en iniciativas que reflejan liderazgo, creatividad o habilidades interpersonales, asegúrate de destacarlas. Los perfiles que muestran una combinación de experiencia profesional y compromiso personal a menudo son percibidos como más auténticos y completos.

7. Incluye Habilidades Relevantes y Obtén Recomendaciones

La sección de habilidades es esencial para destacar en las búsquedas de LinkedIn, ya que estas actúan como palabras clave que te ayudan a ser encontrado. Asegúrate de que las habilidades que incluyes sean relevantes para los candidatos que deseas atraer. Si te enfocas en reclutar talento para el sector tecnológico, por ejemplo, habilidades como "Reclutamiento TI", "Gestión de Talento en Tecnología" o "Evaluación de Habilidades Técnicas" son claves.

Una vez que tengas tus habilidades seleccionadas, es importante obtener validaciones y recomendaciones de personas que hayan trabajado contigo. Las recomendaciones son una excelente forma de respaldar tus competencias y demostrar que tienes la experiencia necesaria para atraer al talento adecuado. Al solicitar recomendaciones, pide a colegas o supervisores que mencionen casos específicos en los que hayas sobresalido en tu rol como reclutador o en la gestión de talento.

8. Publica Contenido Valioso Regularmente

Una de las mejores maneras de mantener tu perfil visible y relevante es publicando contenido de valor de manera constante. Compartir artículos, opiniones o actualizaciones sobre el sector del reclutamiento no solo te posiciona como un experto en tu campo, sino que también muestra que estás activo en la plataforma y comprometido con la comunidad.

Publicar contenido original, como tus reflexiones sobre las tendencias del mercado laboral o guías sobre cómo mejorar el proceso de contratación, puede ayudarte a destacar entre otros reclutadores. Esto no solo incrementa la visibilidad de tu perfil, sino que también genera una reputación positiva y confiable entre tus conexiones.

9. Mantén Tu Perfil Activo y Actualizado

Finalmente, es vital mantener tu perfil actualizado. Un perfil desactualizado o que no refleja tu estado actual envía un mensaje de descuido. Asegúrate de actualizar regularmente tu título, experiencia y habilidades, especialmente cuando logres hitos importantes. Además, participar en debates y en la red profesional de LinkedIn te ayudará a estar siempre en el radar de posibles candidatos.

Palabras Clave y su Impacto en la Visibilidad

En el mundo digital de hoy, las palabras clave se han convertido en el fundamento de la visibilidad en cualquier plataforma. LinkedIn no es una excepción. Para que tu perfil destaque entre millones de usuarios, es esencial utilizar palabras clave estratégicas que te ayuden a aparecer en las búsquedas correctas. No se trata solo de llenar tu perfil con términos populares, sino de saber qué palabras clave son relevantes para el tipo de talento que buscas o los reclutadores que podrían estar interesados en ti.

La Importancia de las Palabras Clave en LinkedIn

Las palabras clave son la conexión entre lo que ofreces y lo que buscan los demás. En LinkedIn, el algoritmo funciona de manera similar a un motor de búsqueda como Google. Los reclutadores o profesionales que buscan talento utilizan términos específicos en sus búsquedas, y el algoritmo busca coincidencias en los perfiles. Por lo tanto, si no estás utilizando las palabras clave adecuadas, es muy probable que pases desapercibido, incluso si eres un experto en tu área.

Ejemplo 1: La elección de palabras clave en perfiles tecnológicos

Supongamos que eres un reclutador especializado en buscar desarrolladores de software. Si tu perfil no menciona palabras clave como "desarrollador de software", "programación en Python", o "ingeniería de software", las posibilidades de que los candidatos en ese campo encuentren tu perfil son escasas. Deberías asegurarte de que las palabras clave reflejen exactamente lo que buscas. A menudo, es útil investigar qué términos específicos se utilizan con frecuencia en la industria. Esto puede implicar examinar otros perfiles similares y tomar nota de las palabras clave que están utilizando los expertos más destacados.

Cómo seleccionar las palabras clave correctas

Seleccionar las palabras clave correctas requiere un entendimiento claro de tu objetivo. No se trata solo de incluir títulos de trabajo, sino de identificar palabras o frases que las personas probablemente utilizarán para buscar a alguien como tú o como los candidatos que deseas atraer.

Ejemplo 2: Optimización de palabras clave para consultores

Imagina que eres un consultor de marketing digital. Tu perfil debería incluir palabras clave que reflejen no solo lo que haces, sino también los beneficios que ofreces. Términos como "estrategia de marketing digital", "optimización SEO", "gestión de redes sociales" y "campañas PPC" son palabras clave específicas que incrementan la posibilidad de que otros profesionales o empresas que busquen servicios de marketing digital te encuentren.

Un error común es usar palabras demasiado genéricas o amplias, como "consultor" o "estratega". Aunque estos términos son relevantes, es mucho mejor combinar palabras clave más específicas que describan claramente tu área de especialización. En lugar de "consultor", prueba con algo como "Consultor en Optimización de Conversiones para Ecommerce". Esto no solo mejora tu visibilidad en búsquedas más relevantes, sino que también establece una expectativa clara sobre lo que puedes ofrecer.

¿Dónde deben aparecer las palabras clave?

En LinkedIn, las palabras clave deberían aparecer en varias secciones de tu perfil. Cada una tiene un impacto en cómo el algoritmo de búsqueda clasifica y muestra los resultados. Aquí te explico las áreas más importantes para maximizar la visibilidad:

1. Título: Esta es una de las partes más cruciales de tu perfil. El título debería ir más allá de solo mencionar tu puesto actual. Aquí es donde las palabras clave juegan un papel vital. Por ejemplo, si eres un gerente de proyectos especializado en el sector tecnológico, un título como "Gerente de Proyectos | Especializado en Transformación Digital y Tecnología Cloud" no solo es más informativo, sino que también incluye palabras clave esenciales.

2. Extracto o resumen: En esta sección tienes espacio para explicar tu propuesta de valor y destacar tus principales competencias. Es una excelente oportunidad para integrar varias palabras clave de manera natural. Evita hacer un listado de palabras clave; en su lugar, trata de integrarlas dentro de un relato coherente sobre tus habilidades y experiencia.

3. Experiencia profesional: Aquí también deberías asegurarte de que cada puesto que hayas ocupado incluya palabras clave relevantes. Describe no solo tus responsabilidades, sino también los logros concretos que hayas alcanzado en cada rol, utilizando términos que las personas en tu industria probablemente buscarían.

4. Sección de habilidades: LinkedIn permite que añadas hasta 50 habilidades a tu perfil. Estas también funcionan como palabras clave y ayudan al algoritmo a categorizar tu perfil. Asegúrate de que las habilidades que enumeras reflejen los términos que son populares en tu industria. No dudes en eliminar habilidades menos relevantes para dar lugar a aquellas que realmente te ayudarán a atraer el tipo de audiencia que deseas.

Ejemplo 3: La diferencia entre palabras clave técnicas y blandas

Imagina que estás reclutando para una empresa tecnológica. En este caso, es esencial equilibrar entre palabras clave técnicas como "desarrollo ágil" o "inteligencia artificial" y habilidades más blandas como "liderazgo de equipo" o "gestión de proyectos". De esta manera, tu perfil no solo atraerá a candidatos con las habilidades técnicas necesarias, sino también aquellos con las capacidades de liderazgo o comunicación que pueden ser esenciales para un rol determinado.

Uso de herramientas para identificar palabras clave

Existen diversas herramientas que pueden ayudarte a identificar las mejores palabras clave para tu perfil. Una opción es utilizar la propia barra de búsqueda de LinkedIn. Al escribir términos relacionados con tu área de especialización, LinkedIn te sugerirá palabras o frases que los usuarios están buscando con más frecuencia.

Otras herramientas como Google Keyword Planner o plataformas de análisis de SEO también pueden proporcionar información valiosa sobre qué términos de búsqueda son populares en tu industria. Aunque estas herramientas están diseñadas para el marketing de motores de búsqueda, sus datos pueden ser útiles para comprender mejor qué palabras clave podrían funcionar bien en LinkedIn.

Medir el éxito de tus palabras clave

Después de optimizar tu perfil con palabras clave, es importante monitorear si estás viendo resultados. LinkedIn ofrece estadísticas sobre cuántas veces has aparecido en las búsquedas y cuántas personas han visitado tu perfil. Si notas un aumento en estas métricas después de hacer cambios, es una señal de que estás utilizando las palabras clave correctas.

Además, presta atención a la calidad de las personas que están interactuando con tu perfil. Si recibes más solicitudes de conexión de personas en tu industria o de candidatos que coinciden con lo que buscas, es una clara indicación de que tus palabras clave están funcionando.

Cómo Mostrar Tu Marca Personal

En el mundo competitivo del reclutamiento y los negocios, la marca personal es fundamental. Ya no es suficiente con tener un perfil pasivo en LinkedIn; ahora es necesario cultivar una marca que te diferencie y te posicione como un referente en tu campo. Mostrar tu marca personal de manera efectiva en LinkedIn puede abrirte muchas puertas, ya sea atrayendo candidatos de alta calidad, nuevas oportunidades laborales o clientes potenciales.

Qué es la Marca Personal

La marca personal es la percepción que las personas tienen de ti como profesional. Es la manera en que te presentas, tus valores, tus habilidades y tu reputación. En LinkedIn, tu marca personal es la suma de todos los elementos de tu perfil: tu foto, tu título, tu resumen, las publicaciones que compartes y la interacción que tienes con otros usuarios. Pero, lo más importante es que tu marca personal debe ser auténtica. No se trata de crear una imagen falsa o exagerada, sino de resaltar lo que te hace único y valioso dentro de tu sector.

Ejemplo 4: La marca personal de un líder de opinión

Pensemos en un líder de opinión en el ámbito de la transformación digital. Su marca personal en LinkedIn no solo se construye con su experiencia laboral, sino también con las publicaciones regulares que hace sobre los avances en inteligencia artificial, las reflexiones que comparte sobre las nuevas tendencias en tecnología y las interacciones que tiene con otros profesionales en su campo. Esta coherencia y presencia continua fortalecen su marca y hacen que otros lo perciban como una autoridad en el tema.

Cómo Mostrar tu Marca Personal en LinkedIn

1. Coherencia en tu mensaje: Desde tu título hasta las publicaciones que compartes, es importante que haya coherencia en tu mensaje. Si tu marca personal está enfocada en ser un experto en un área específica, asegúrate de que todo en tu perfil refleje ese enfoque. Por ejemplo, si eres especialista en reclutamiento en el sector de la tecnología, todo tu perfil debe alinearse con ese mensaje. Tu título debería mencionarlo, tu resumen debe explicar tu experiencia en el campo y tus publicaciones deberían girar en torno a temas relevantes para el sector tecnológico.

2. Publica contenido original: Una de las maneras más efectivas de mostrar tu marca personal es creando y compartiendo contenido original en LinkedIn. Esto no solo te ayuda a posicionarte como un experto en tu campo, sino que también genera interacción y aumenta tu visibilidad. Puedes escribir artículos, compartir análisis o estudios de casos, o incluso grabar videos cortos donde compartas tus conocimientos o experiencias.

Ejemplo 5: Construir autoridad mediante artículos

Si eres un reclutador especializado en la contratación de profesionales para startups, podrías escribir artículos sobre los desafíos únicos de reclutar en ese sector. Podrías ofrecer consejos sobre cómo atraer talento en un entorno de alta competencia o hablar sobre las mejores prácticas para crear una cultura de empresa atractiva para los candidatos. Cada artículo que publiques refuerza tu posición como experto y añade valor a tu red de contactos.

3. Interactúa con otros profesionales: No basta con compartir contenido; también es importante interactuar con la comunidad de LinkedIn. Comenta en publicaciones de otros

usuarios, comparte sus ideas y ofrece tu perspectiva. Esto no solo te mantiene activo y visible, sino que también muestra que eres alguien que contribuye a la conversación en tu campo.

4. Muestra tu lado humano: Aunque LinkedIn es una plataforma profesional, no debes olvidar el aspecto humano. Las personas quieren conectarse con personas reales, no solo con títulos de trabajo. Comparte historias personales o anécdotas que muestren quién eres fuera del trabajo. Esto no solo hace que tu perfil sea más accesible, sino que también te diferencia de otros usuarios que solo comparten contenido técnico.

Las palabras clave y la marca personal son dos pilares fundamentales para destacar en LinkedIn. Si utilizas las palabras clave adecuadas y te aseguras de construir una marca personal coherente, auténtica y visible, estarás bien posicionado para atraer las oportunidades que deseas, ya sea talento, empleos o clientes. La clave está en ser estratégico, auténtico y consistente en tu enfoque.

Aspecto	Descripción	Ejemplo	Impacto
Palabras clave en el título	Es fundamental utilizar palabras clave específicas que reflejen tu área de especialización y que sean populares en tu industria.	Título: "Gerente de Proyectos Transformación Digital y Tecnología Cloud".	
Palabras clave en el resumen	Las palabras clave deben integrarse naturalmente dentro de un relato sobre tus habilidades y experiencia. No deben ser solo una lista.	Consultor de Marketing Digital: Incluye "estrategia de marketing digital", "SEO", "gestión de redes sociales".	Aumenta las posibilidades de ser encontrado por profesionales que buscan tus servicios o habilidades.
Palabras clave en la experiencia	Describir logros y responsabilidades utilizando palabras clave relevantes, especialmente aquellas que reflejen el rol o industria.	Desarrollador de Software: "Desarrollo ágil", "programación en Python".	Mejora las coincidencias de tu perfil en búsquedas de términos específicos relacionados con tu experiencia.
Palabras clave en habilidades	Añadir hasta 50 habilidades que funcionen como palabras clave, enfocándote en términos populares y relevantes para tu industria.	Especialista en tecnología: "Desarrollo ágil", "Inteligencia Artificial", "Liderazgo de equipos".	Ayuda al algoritmo de LinkedIn a categorizar tu perfil, incrementando la probabilidad de aparecer en búsquedas específicas.
Uso de herramientas	Herramientas como LinkedIn Search o Google Keyword Planner ayudan a identificar palabras clave populares y relevantes.	Uso de Google Keyword Planner para identificar términos como "Optimización SEO" o "Transformación Digital".	Permite seleccionar palabras clave con base en datos, mejorando la precisión y efectividad de la visibilidad en LinkedIn.
Medir éxito de palabras clave	Monitorear las métricas de LinkedIn sobre cuántas veces apareces en las búsquedas y visitas de perfil para medir el impacto de tus palabras clave.	Ver aumento en visitas al perfil después de optimizar palabras clave como "Desarrollo de proyectos tecnológicos".	Te permite ajustar la estrategia de palabras clave según el impacto real en la visibilidad y las conexiones.
Coherencia en la marca personal	Mantener un mensaje coherente en todo el perfil, desde el título hasta las publicaciones, alineando todo con tus áreas de especialización.	Un reclutador que se especializa en tecnología publica artículos sobre reclutamiento en startups tecnológicas.	Fortalece tu posicionamiento como referente en un área específica, ayudando a atraer más conexiones y visibilidad en ese nicho.
Contenido original	Crear y compartir contenido original, como artículos o publicaciones, para mostrar	Artículos sobre "Mejores prácticas de reclutamiento para startups" de un	Genera interacción, mejora la visibilidad y posiciona como experto en el tema,

	autoridad y experiencia en tu campo.	reclutador especializado en tecnología.	aumentando el alcance de la marca personal.
Interacción con otros usuarios	Comentar y compartir publicaciones de otros usuarios para aumentar tu visibilidad e involucrarte en la conversación dentro de tu industria.	Comentar en publicaciones de expertos en Inteligencia Artificial y aportar tu visión sobre el tema.	Mejora la percepción de tu perfil como alguien que contribuye al diálogo y te mantiene visible ante otros profesionales del sector.
Lado humano de la marca personal	Incluir historias o anécdotas personales que muestren tu personalidad y valores fuera del entorno laboral.	Compartir una historia personal sobre cómo decidiste especializarte en tu campo.	Humaniza tu perfil, lo hace más atractivo y diferente, lo que puede aumentar el interés y generar conexiones más auténticas y cercanas.
Monitoreo de resultados	Analizar el incremento de interacciones, visitas al perfil y solicitudes de conexión para evaluar la efectividad de tu marca personal y palabras clave.	Después de optimizar palabras clave y publicar artículos, las solicitudes de conexión aumentan en un 30%.	Permite ajustar y optimizar continuamente tu perfil para maximizar su impacto en la visibilidad y efectividad en la atracción de talento u oportunidades.

Tabla Resumen

CAPÍTULO 2: ESTRATEGIAS AVANZADAS DE BÚSQUEDA EN LINKEDIN

En el dinámico mundo del reclutamiento moderno, contar con una herramienta que no solo te conecte con candidatos, sino que también te permita encontrar exactamente el tipo de talento que necesitas, es clave para sobresalir. LinkedIn, siendo la red profesional más grande del mundo, ofrece múltiples herramientas y filtros de búsqueda avanzados que permiten a los reclutadores acceder a una vasta base de datos de profesionales altamente capacitados. Pero dominar estas funciones puede marcar la diferencia entre encontrar candidatos promedio o dar con ese talento excepcional que transformará tu organización.

En este capítulo, exploraremos las herramientas de búsqueda más potentes de LinkedIn y cómo los filtros avanzados pueden ayudarte a mejorar tus procesos de reclutamiento, de manera que puedas atraer y contratar a los mejores profesionales. Si estás listo para elevar tus habilidades de reclutamiento y utilizar LinkedIn como un experto, sigue leyendo. Aquí encontrarás todo lo que necesitas saber para hacer búsquedas más precisas y obtener mejores resultados.

La Importancia de la Búsqueda Avanzada

Cuando se trata de encontrar talento en LinkedIn, muchas personas simplemente ingresan términos básicos en la barra de búsqueda y esperan lo mejor. Si bien esto puede generar algunos resultados útiles, este enfoque a menudo pasa por alto a los mejores candidatos o devuelve una lista abrumadora de resultados poco relevantes. Aquí es donde las herramientas de búsqueda avanzadas entran en juego. Al utilizar correctamente los filtros y opciones de búsqueda avanzada de LinkedIn, puedes acotar tus búsquedas y centrarte en los perfiles que realmente tienen el potencial de encajar con tu cultura y cumplir con los requisitos específicos de tu oferta de trabajo.

El objetivo de las búsquedas avanzadas es ser más estratégico. Ya no se trata de un enfoque de "buscar y esperar", sino de una metodología intencionada que te permite dirigirte directamente al tipo de profesional que estás buscando, basándote en una serie de criterios. A través de estas herramientas, puedes reducir considerablemente el tiempo invertido en la búsqueda de candidatos y aumentar la calidad de las personas que contactas.

Herramientas de Búsqueda Avanzada en LinkedIn

LinkedIn ofrece una gama de funciones que están diseñadas específicamente para mejorar la precisión de tus búsquedas. Algunas de ellas son bastante conocidas, mientras que otras pueden ser verdaderos "secretos" que muchos reclutadores aún no están aprovechando al máximo. Aquí desglosamos las principales herramientas que te ayudarán a mejorar tu eficacia como reclutador.

1. Búsqueda Booleana

El uso de operadores booleanos en LinkedIn es una herramienta poderosa y a menudo infravalorada. Esta técnica te permite combinar palabras clave de manera específica para obtener resultados más precisos. Los operadores booleanos que puedes utilizar en LinkedIn son:

- AND: Este operador te permite combinar múltiples términos de búsqueda. Por ejemplo, si estás buscando un ingeniero de software con experiencia en inteligencia artificial, podrías buscar "ingeniero de software AND inteligencia artificial".

- OR: Este operador te permite buscar perfiles que contengan uno de varios términos. Por ejemplo, si deseas encontrar profesionales que tengan experiencia en Python o Java, podrías buscar "Python OR Java".

- NOT: Este operador excluye ciertos términos de tu búsqueda. Por ejemplo, si estás buscando un especialista en marketing digital pero no deseas ver perfiles relacionados con SEO, podrías buscar "marketing digital NOT SEO".

- Comillas (" "): Utiliza comillas para buscar frases exactas. Por ejemplo, si buscas un "gerente de ventas", LinkedIn solo te mostrará perfiles que incluyan esa frase exacta en su descripción.

- Paréntesis ( ): Puedes combinar operadores booleanos usando paréntesis para agrupar términos y hacer búsquedas más complejas. Un ejemplo sería "ingeniero de software AND (Python OR Java)".

La búsqueda booleana es útil cuando sabes exactamente qué habilidades o experiencia estás buscando en un candidato, pero también puede ser una herramienta creativa para descubrir nuevos talentos al combinar o excluir ciertos términos.

2. Búsqueda de Palabras Clave

La búsqueda de palabras clave es otra funcionalidad esencial en LinkedIn que te permite centrarte en habilidades específicas que deseas en un candidato. Puedes ingresar habilidades técnicas, certificaciones, programas o software específicos que te interese que los candidatos dominen. Esto es especialmente útil para encontrar perfiles que tienen una experiencia particular o conocimientos técnicos que son cruciales para el puesto que deseas cubrir.

Para aprovechar al máximo esta función, asegúrate de utilizar términos que sean populares en la industria y estén directamente relacionados con el puesto que estás ofreciendo. También es recomendable realizar búsquedas en varios idiomas, dependiendo de la ubicación del talento que buscas, ya que algunos candidatos podrían tener habilidades listadas en inglés o en su idioma nativo.

3. Búsqueda Avanzada de Personas

LinkedIn permite filtrar tus búsquedas por varios criterios, lo que te ayudará a acotar tus resultados a perfiles más específicos. Entre los filtros más útiles encontramos:

- Ubicación geográfica: Este filtro te permite encontrar candidatos que se encuentran en un área geográfica específica, lo que es útil si buscas talento local o si estás considerando la posibilidad de reubicación.

- Industria: Puedes filtrar a los candidatos según la industria en la que han trabajado, lo que es valioso si buscas experiencia en sectores específicos.

- Empresa actual y anterior: Si estás interesado en candidatos que trabajan actualmente o han trabajado en una empresa concreta, este filtro te permitirá localizar esos perfiles fácilmente.

- Años de experiencia: Este filtro es fundamental para encontrar candidatos que cumplan con el nivel de experiencia que necesitas, ya sea junior, mid-level o senior.

- Idioma: Si tu puesto requiere que el candidato hable varios idiomas, LinkedIn te permite filtrar por las lenguas que los usuarios han listado en sus perfiles.

Estos filtros son especialmente útiles cuando tienes una idea clara de los requisitos del puesto y deseas reducir rápidamente los resultados de búsqueda a un grupo manejable de candidatos calificados.

4. LinkedIn Recruiter

Si trabajas en reclutamiento de manera profesional, LinkedIn Recruiter es una de las herramientas más completas y robustas que ofrece la plataforma. A través de LinkedIn Recruiter, puedes realizar búsquedas más detalladas y obtener acceso a un número ilimitado de perfiles. Algunas de las características clave incluyen:

- Alertas automáticas: Puedes configurar alertas para que te notifiquen cuando nuevos candidatos que cumplan con tus criterios se unan a LinkedIn o actualicen su perfil. Esto te asegura estar siempre al día con los nuevos talentos disponibles.

- InMails: LinkedIn Recruiter te ofrece una mayor cantidad de InMails, lo que te permite contactar directamente a los candidatos de tu interés, incluso si no están en tu red de contactos. Este es un recurso esencial para poder conectarte con talentos pasivos que no están buscando activamente un empleo, pero que podrían estar abiertos a nuevas oportunidades.

- Proyectos y seguimiento de candidatos: LinkedIn Recruiter te permite organizar y realizar un seguimiento detallado de los candidatos con los que interactúas, facilitando la gestión de múltiples procesos de selección al mismo tiempo.

Utilizar LinkedIn Recruiter es una gran inversión si estás reclutando de manera constante, ya que simplifica la tarea de encontrar, contactar y gestionar candidatos.

Cómo Usar los Filtros para Afilar tu Estrategia de Reclutamiento

Uno de los errores más comunes que cometen los reclutadores al utilizar LinkedIn es no aprovechar al máximo los filtros disponibles. Sin embargo, cuando se utilizan correctamente, los filtros te permiten perfeccionar tu estrategia de búsqueda y enfocarte solo en los perfiles más relevantes. Veamos algunos consejos para optimizar el uso de filtros en LinkedIn.

1. Comienza Amplio y Luego Refina

Es recomendable comenzar con una búsqueda más amplia y luego ir refinando los resultados poco a poco utilizando los filtros. Por ejemplo, podrías empezar buscando "ingeniero de software" en una ciudad en particular y luego aplicar filtros como años de experiencia, empresas anteriores o habilidades específicas. Este enfoque te permite tener una visión general del talento disponible y luego reducir la lista de candidatos a aquellos que realmente cumplan con tus criterios.

2. Filtrar por Disponibilidad

Una de las herramientas más útiles en LinkedIn es la opción de filtrar por "Abierto a oportunidades laborales". Muchos usuarios actualizan sus perfiles para indicar que están abiertos a escuchar nuevas ofertas de trabajo, lo que facilita tu tarea como reclutador. Estos candidatos suelen estar más dispuestos a participar en una conversación sobre una nueva oportunidad laboral, lo que acelera el proceso de contratación.

3. Uso de Filtros Combinados

Otra estrategia clave es combinar varios filtros para obtener resultados más específicos. Por ejemplo, si estás buscando un gerente de marketing en una ciudad determinada con experiencia en comercio electrónico y habilidades en análisis de datos, puedes aplicar estos filtros simultáneamente para obtener resultados muy específicos. Este enfoque garantiza que solo veas los perfiles que realmente cumplen con todos tus requisitos, ahorrando tiempo en la búsqueda de candidatos.

4. Revisar Resultados de Perfiles Secundarios

Si bien es importante ser específico en tu búsqueda, también es recomendable no descartar inmediatamente aquellos perfiles que no cumplen con todos los criterios. LinkedIn te muestra una amplia variedad de perfiles, algunos de los cuales pueden no ser una coincidencia exacta, pero podrían ofrecer otras habilidades o experiencias valiosas. Siempre es útil revisar perfiles que estén cerca de cumplir tus requisitos para no perder posibles talentos que pueden aportar valor desde otro ángulo.

Las herramientas y filtros avanzados de LinkedIn son esenciales para cualquier reclutador que desee sobresalir en la búsqueda y contratación de talento. A través de las búsquedas booleanas, el uso de palabras clave, y los filtros de ubicación, experiencia y habilidades, puedes afinar tus búsquedas y llegar a los candidatos ideales con mayor precisión. Si combinas estas técnicas con una estrategia bien definida, el proceso de reclutamiento en LinkedIn no solo será más eficiente, sino que también te permitirá identificar y atraer al mejor talento disponible en el mercado.

¿Quiénes son los Candidatos Pasivos?

Antes de explorar las técnicas para identificar a los candidatos pasivos, es fundamental comprender quiénes son. Los candidatos pasivos son profesionales que no están buscando activamente un empleo, pero que cumplen con las características necesarias para el puesto que estás buscando cubrir. En la mayoría de los casos, estos candidatos ya están empleados, y es posible que estén satisfechos con su situación actual. Sin embargo, esto no significa que no estarían interesados en explorar una nueva oportunidad si esta encaja perfectamente con sus intereses, ambiciones y valores.

Uno de los desafíos clave con los candidatos pasivos es que no están pendientes de las ofertas de empleo. No están revisando portales de trabajo ni aplicando a vacantes. Aquí es donde entran en juego técnicas avanzadas de reclutamiento y estrategias de búsqueda proactiva en plataformas como LinkedIn.

Técnicas para Identificar Candidatos Pasivos en LinkedIn

LinkedIn es una de las plataformas más poderosas para identificar y contactar a candidatos pasivos. Al contar con más de 900 millones de usuarios en todo el mundo, ofrece una fuente invaluable de talento, y con las herramientas adecuadas, puedes descubrir esos profesionales que no están buscando activamente, pero que podrían ser una adición crucial a tu equipo.

1. Utiliza la Búsqueda Avanzada de Personas

La búsqueda avanzada de personas en LinkedIn es una herramienta imprescindible para encontrar candidatos pasivos. A través de la combinación de filtros avanzados, puedes identificar perfiles altamente calificados que cumplen con los requisitos del puesto que deseas cubrir. Aunque no estén buscando empleo, estos perfiles aún pueden aparecer en tus resultados de búsqueda.

Un ejemplo práctico es utilizar filtros como la ubicación geográfica y la industria. Si estás buscando un diseñador de productos con experiencia en la industria tecnológica y que esté basado en San Francisco, puedes aplicar estos filtros junto con otros más específicos como los años de experiencia, la empresa actual o las habilidades técnicas. Esto te dará una lista depurada de perfiles altamente relevantes, entre los que seguramente habrá muchos candidatos pasivos.

2. Aprovecha el Poder de la Búsqueda Booleana

La búsqueda booleana, mencionada previamente en el capítulo anterior, también es clave para identificar candidatos pasivos. Puedes usar operadores booleanos para combinar múltiples términos relacionados con las habilidades, la experiencia y los sectores en los que te gustaría encontrar candidatos.

Por ejemplo, si buscas un especialista en marketing digital con experiencia en campañas pagadas en Google y Facebook, podrías usar una búsqueda booleana como: "marketing digital AND (Google Ads OR Facebook Ads) AND NOT freelance". De esta manera, puedes excluir perfiles de autónomos o freelancers y enfocarte en profesionales que actualmente trabajan en empresas, pero que podrían estar abiertos a un cambio si surge la oportunidad correcta.

3. Analiza las Conexiones de Primer y Segundo Grado

Un aspecto único de LinkedIn es la forma en que las conexiones se organizan. Las conexiones de primer grado son personas que ya forman parte de tu red, mientras que las de segundo grado son contactos de tus contactos directos. Estas conexiones de segundo grado son una mina de oro cuando se trata de identificar candidatos pasivos.

Una excelente técnica es revisar las conexiones de segundo grado en tu red que cumplan con los requisitos del puesto que estás buscando. Al ser contactos de tus conexiones, es más probable que tengas un vínculo en común, lo que puede facilitar el acercamiento inicial. Incluso puedes pedir una presentación mutua a través de tu contacto compartido, lo que suaviza la barrera de entrada y hace que el candidato pasivo se sienta más cómodo explorando la oferta.

4. Sigue a Empresas y Monitorea sus Empleados

Una estrategia subestimada para identificar candidatos pasivos es seguir de cerca a las empresas de la competencia o aquellas que operan en industrias similares a la tuya. LinkedIn te permite ver los empleados actuales de cualquier empresa y monitorear actualizaciones clave. Puedes aprovechar esta función para analizar los perfiles de empleados en roles similares al que estás buscando cubrir. A menudo, encontrarás que los empleados que trabajan en empresas rivales o en sectores afines tienen exactamente las habilidades y la experiencia que buscas.

Por ejemplo, si estás reclutando para un puesto de gerente de ventas en una startup tecnológica, podría ser útil revisar los perfiles de gerentes de ventas en otras startups tecnológicas. Incluso si esos profesionales no están buscando activamente un cambio, podrías presentarles una oferta atractiva que los haga considerar un nuevo desafío profesional.

5. Utiliza Contenido para Atraer Candidatos Pasivos

Una forma muy efectiva de captar la atención de candidatos pasivos es a través de la publicación de contenido relevante. Aunque estos profesionales no están buscando activamente empleo, suelen participar en LinkedIn comentando, compartiendo o publicando sobre temas que les interesan. Si compartes contenido valioso relacionado con tu industria o con el tipo de puesto que estás reclutando, puedes captar la atención de candidatos pasivos.

Por ejemplo, si estás buscando desarrolladores de software, podrías publicar contenido sobre las últimas tendencias en programación, tecnología de software o cultura de equipo en empresas de tecnología. Al atraer a desarrolladores con contenido relevante, es más probable que interactúen con tu publicación y, eventualmente, se interesen en tu empresa o en las oportunidades que ofreces.

6. Grupos de LinkedIn y Seguimiento de Hashtags

Otra técnica útil es unirte a grupos de LinkedIn que estén alineados con el sector o tipo de talento que buscas. Muchos candidatos pasivos participan activamente en grupos relacionados con sus intereses profesionales, lo que los convierte en un espacio ideal para identificar a posibles talentos. Por ejemplo, si estás buscando un especialista en recursos humanos, unirte a grupos de profesionales de RR.HH. te permitirá acceder a conversaciones y participar en discusiones con posibles candidatos.

Además, puedes seguir hashtags relacionados con la industria o los roles que te interesan. LinkedIn permite hacer seguimiento de hashtags como MarketingDigital, DesarrolloDeSoftware o GerenciaDeProyectos, entre otros. Los candidatos pasivos que publican contenido bajo estos hashtags o interactúan con publicaciones relevantes suelen ser personas altamente comprometidas con su campo, lo que indica que podrían estar abiertos a explorar nuevas oportunidades.

Cómo Construir Listas de Candidatos Efectivas

Una vez que has identificado a posibles candidatos pasivos, el siguiente paso es construir listas de candidatos efectivas. Tener una lista organizada y actualizada te permitirá mantener un seguimiento preciso y evitar que se te pasen oportunidades de contactar a profesionales altamente calificados.

1. Usa Herramientas de Gestión de Candidatos

Existen varias herramientas de gestión de candidatos (ATS, por sus siglas en inglés) que pueden ayudarte a organizar tu lista de prospectos. Estas plataformas permiten guardar perfiles, notas sobre los candidatos, el estado de la interacción, y cualquier seguimiento que sea necesario realizar. Al construir una lista de candidatos, asegúrate de registrar no solo los datos básicos como nombre y experiencia, sino también información relevante como:

- ¿Cuándo fue la última vez que contactaste al candidato?
- ¿Está abierto a nuevas oportunidades?
- ¿Cuál es su salario actual y expectativas salariales?
- ¿Qué le motiva en su trabajo actual y qué tipo de desafíos está buscando?

Mantener esta información organizada en un ATS te ayudará a realizar un seguimiento más eficiente y aumentar la probabilidad de contratar al candidato adecuado.

2. Segmenta Tu Lista de Candidatos

Una de las claves para construir listas efectivas es segmentar a los candidatos en función de varios criterios. Algunos de los criterios más comunes para segmentar incluyen:

- **Nivel de interés**: ¿Este candidato está activamente interesado en cambiar de empleo o necesita ser persuadido con una oferta más atractiva?
- **Experiencia**: ¿Qué nivel de experiencia tiene el candidato en relación con el puesto que necesitas cubrir? ¿Es un perfil junior, mid-level o senior?

- **Ubicación**: Si estás buscando talento local o si tu empresa ofrece la posibilidad de trabajo remoto, es importante segmentar a los candidatos en función de su ubicación geográfica.

- **Disponibilidad temporal**: Algunos candidatos podrían estar interesados en explorar nuevas oportunidades, pero no estar disponibles de inmediato debido a compromisos contractuales o personales. Mantén esta información actualizada para saber cuándo es el momento adecuado para contactarlos.

3. Prioriza la Calidad Sobre la Cantidad

Uno de los errores más comunes en el reclutamiento es construir listas masivas de candidatos sin priorizar la calidad. En lugar de centrarte en cuántos perfiles puedes acumular en tu lista, enfócate en la calidad de esos perfiles. Una lista pequeña, pero altamente calificada, será mucho más efectiva que una lista larga llena de candidatos que no cumplen con los requisitos específicos del puesto.

Por ejemplo, si estás buscando un desarrollador senior especializado en inteligencia artificial, una lista con 10 perfiles altamente calificados será mucho más valiosa que una lista con 100 candidatos que tienen experiencia genérica en desarrollo de software. Esto te permitirá ahorrar tiempo y esfuerzos al enfocarte en los perfiles que realmente tienen el potencial de agregar valor a tu equipo.

4. Realiza Actualizaciones Regulares de tu Lista de Candidatos

El mercado laboral cambia constantemente, y los candidatos que ayer no estaban interesados en nuevas oportunidades podrían estar abiertos a explorar nuevas ofertas hoy. Por eso es crucial mantener tu lista de candidatos actualizada. Establece un sistema para revisar regularmente los perfiles y actualizar la información clave, como su interés en nuevas oportunidades o cualquier cambio en su situación laboral.

Por ejemplo, si un candidato pasivo te indicó hace seis meses que no estaba interesado en cambiar de trabajo, pero ahora ha actualizado su perfil de LinkedIn mencionando nuevas habilidades o mostrando una mayor interacción con publicaciones sobre ofertas laborales, podría ser el momento adecuado para acercarte de nuevo.

Identificar candidatos pasivos y construir listas de candidatos efectivas son habilidades esenciales en el reclutamiento moderno. Con las técnicas avanzadas de búsqueda en LinkedIn y un enfoque estratégico en la construcción de listas, puedes adelantarte a la competencia y asegurar que tu equipo esté compuesto por los mejores talentos, incluso aquellos que no están buscando activamente un cambio de empleo.

Tabla Resumen:

Técnica	Descripción	Ejemplo Práctico	Resultado Esperado
Búsqueda Avanzada de Personas	Uso de filtros avanzados para encontrar candidatos pasivos en LinkedIn.	Aplicar filtros de ubicación, industria y experiencia para encontrar diseñadores de producto en San Francisco.	Lista depurada de candidatos pasivos altamente relevantes.
Búsqueda Booleana	Combina términos con operadores booleanos para identificar perfiles específicos.	Usar "marketing digital AND (Google Ads OR Facebook Ads) AND NOT freelance".	Búsqueda precisa que excluye perfiles irrelevantes.
Conexiones de Segundo Grado	Explora contactos de segundo grado para encontrar candidatos relevantes y con vínculos compartidos.	Revisar conexiones de segundo grado de tus contactos en roles de ventas o desarrollo de software.	Facilita el acercamiento a candidatos con referencias en común.
Monitoreo de Empleados en Empresas Competitivas	Revisar perfiles de empleados de empresas similares o competidoras para identificar talento pasivo.	Seguir startups tecnológicas para identificar gerentes de ventas o desarrolladores senior en roles similares.	Identificación de candidatos con las habilidades específicas requeridas.
Uso de Contenido para Atraer Talento	Publicar contenido relevante para atraer a candidatos pasivos interesados en tu sector.	Publicar artículos sobre cultura empresarial o tendencias tecnológicas que capten la atención de desarrolladores de software.	Incremento en la interacción con candidatos pasivos en tu sector.
Participación en Grupos y Seguimiento de Hashtags	Participar en grupos y seguir hashtags específicos para acceder a candidatos pasivos involucrados en su sector.	Unirse a grupos de RR.HH. o seguir hashtags como MarketingDigital para identificar profesionales activos en conversaciones.	Identificación de candidatos que participan activamente en su comunidad profesional.
Uso de Herramientas de Gestión de Candidatos (ATS)	Organiza y gestiona perfiles de candidatos con notas y seguimiento personalizado.	Guardar datos como nivel de interés, motivaciones y seguimiento de conversaciones en un ATS.	Lista organizada y eficiente para un seguimiento continuo y preciso.
Segmentación de Listas de Candidatos	Clasificar candidatos por criterios clave como nivel de interés, experiencia y disponibilidad.	Separar candidatos en perfiles junior, mid-level y senior, según su nivel de experiencia.	Mejora la eficiencia en la priorización de candidatos y personalización del mensaje de reclutamiento.

Priorización de Calidad sobre Cantidad	Enfocar los esfuerzos en perfiles de alta calidad en lugar de grandes volúmenes de candidatos.	Crear una lista con 10 perfiles calificados para un rol técnico en lugar de acumular 100 candidatos genéricos.	Ahorro de tiempo y mejora en la calidad del proceso de selección.
Actualización Regular de Listas de Candidatos	Revisar y actualizar regularmente los perfiles de candidatos para mantener la lista relevante y precisa.	Actualizar la lista cada 6 meses según cambios en las situaciones laborales de los candidatos.	Mantiene la relevancia de la lista y aumenta las oportunidades de contactar en el momento adecuado.

CAPÍTULO 3: LA CONEXIÓN AUTÉNTICA: CONSTRUYENDO RELACIONES CON CANDIDATOS

En el competitivo mundo del reclutamiento actual, la conexión auténtica con los candidatos se ha convertido en un aspecto clave que define el éxito o el fracaso de una contratación. Ya no basta con enviar mensajes genéricos o realizar entrevistas mecánicas; los candidatos buscan una experiencia más humana, cercana y auténtica.

En un entorno donde LinkedIn se ha convertido en una plataforma central para la búsqueda de talento, los reclutadores deben enfocarse en cómo construir relaciones significativas desde el primer punto de contacto hasta la incorporación final. Este capítulo aborda en detalle cómo dominar el arte de la comunicación efectiva para generar conexiones duraderas con los candidatos.

El arte de la comunicación efectiva

La comunicación efectiva en el reclutamiento no se limita a transmitir información de manera clara y precisa; se trata de involucrar emocionalmente a los candidatos, hacer que se sientan escuchados y valorados. A través de una comunicación auténtica, puedes hacer que los candidatos se sientan parte de un proceso personalizado, donde sus inquietudes y expectativas son atendidas con atención genuina.

Escucha activa: La clave de la autenticidad

La base de toda buena comunicación comienza con una escucha activa. Escuchar realmente lo que el candidato tiene que decir, más allá de las respuestas a las preguntas estándar, es esencial. Muchas veces, los reclutadores tienden a centrarse en las habilidades técnicas o en la experiencia laboral, sin prestar suficiente atención a los valores, motivaciones y objetivos de los candidatos. La escucha activa permite obtener esta información crítica que puede ser decisiva para determinar si un candidato encaja no solo en el puesto, sino también en la cultura organizacional.

La escucha activa implica hacer preguntas abiertas que permitan a los candidatos expresar sus ideas, preocupaciones y aspiraciones. Un ejemplo podría ser: "¿Qué es lo que más valoras en un entorno laboral?" o "¿Cuál ha sido el reto más importante que has superado en tu carrera?". Estas preguntas no solo proporcionan información valiosa sobre el candidato, sino que también demuestran que estás interesado en conocerlo más allá de su CV.

Adaptar el tono y el mensaje

Cada candidato es diferente, y lo que puede resonar con uno no necesariamente será efectivo con otro. Aquí es donde entra en juego la habilidad de adaptar el tono y el mensaje de la comunicación. Un candidato con más experiencia puede preferir una comunicación más directa y formal, mientras que un candidato junior puede sentirse más cómodo con un tono relajado y accesible. Saber leer a los candidatos y ajustar el enfoque en consecuencia es una habilidad clave que todo buen reclutador debe desarrollar.

Por ejemplo, al comunicarte con un candidato senior, es posible que quieras enfatizar aspectos relacionados con el liderazgo, la toma de decisiones y la estrategia a largo plazo. En cambio, con un candidato más joven, podrías enfocarte en oportunidades de aprendizaje, desarrollo profesional y la posibilidad de crecer dentro de la empresa. Al personalizar el mensaje, haces que la interacción sea más relevante y significativa para el candidato, lo que a su vez fortalece la relación.

Honestidad y transparencia: La base de la confianza

Uno de los pilares fundamentales para construir relaciones auténticas es la honestidad. Los candidatos valoran la transparencia en todo el proceso de reclutamiento, desde la descripción del puesto hasta las expectativas salariales y el feedback post-entrevista. Evitar el lenguaje ambiguo o promesas que no se puedan cumplir es esencial para mantener la integridad del proceso.

La transparencia no solo se refiere a proporcionar información clara, sino también a ser honesto sobre los desafíos o limitaciones del puesto. Por ejemplo, si una posición tiene un alto nivel de estrés o si el equipo ha pasado por varios cambios recientes, es importante comunicarlo de manera abierta. Los candidatos apreciarán la sinceridad y es más probable que confíen en un proceso de reclutamiento que no oculta aspectos importantes.

Además, ofrecer un feedback constructivo y honesto, incluso si un candidato no es seleccionado, es una oportunidad para seguir construyendo la relación. Un rechazo no tiene por qué ser el fin de la conversación; con una comunicación adecuada, puedes dejar la puerta abierta para futuras oportunidades y mantener una buena relación con el candidato.

Empatía: Entendiendo las necesidades del candidato

La empatía es una de las herramientas más poderosas en el proceso de comunicación con los candidatos. Ponerse en el lugar del otro, entender sus preocupaciones, sus miedos y sus aspiraciones, es esencial para construir una relación auténtica. En muchas ocasiones, los candidatos pueden sentirse inseguros o ansiosos sobre el proceso de selección. Es importante mostrar empatía, ofreciendo apoyo y comprensión durante todo el proceso.

Por ejemplo, si un candidato expresa preocupación por un largo proceso de entrevista, un buen reclutador tomará medidas para reducir la ansiedad explicando claramente los pasos y los tiempos. Mostrar empatía también puede significar ser flexible en los horarios de las entrevistas o ser más comprensivo con candidatos que puedan tener compromisos personales o laborales que interfieran con la disponibilidad para entrevistas.

Personalización: Más allá del mensaje estándar

Uno de los errores más comunes en el reclutamiento es utilizar un enfoque genérico en las comunicaciones. Los candidatos pueden detectar fácilmente cuando un mensaje ha sido enviado a varias personas sin ningún tipo de personalización, y esto puede generar una impresión negativa sobre la empresa. Cada candidato debe sentirse especial y valorado, y la personalización es clave para lograrlo.

Desde el primer mensaje, es importante mostrar que has tomado el tiempo de revisar el perfil del candidato y que tienes razones específicas para contactarlo. En lugar de enviar un mensaje genérico, menciona detalles que se alineen con su experiencia y habilidades. Por ejemplo: "He visto que tienes una gran experiencia en la gestión de proyectos de marketing digital, algo que es muy relevante para el puesto que estamos ofreciendo en nuestro equipo de innovación."

La personalización no solo se limita al primer contacto. Durante todo el proceso, asegúrate de que las comunicaciones sean relevantes y específicas para el candidato. Ya sea para proporcionar detalles sobre el proceso de selección o para enviar una oferta, cada mensaje debe ser adaptado a las necesidades y expectativas individuales del candidato.

Utilizando LinkedIn para la conexión auténtica

LinkedIn ha transformado la forma en que los reclutadores y los candidatos se conectan, pero también ha aumentado la competencia. Para destacar y construir relaciones auténticas, es fundamental utilizar LinkedIn de manera estratégica.

Creación de un perfil atractivo como reclutador

El primer paso para generar conexiones auténticas en LinkedIn es asegurarte de que tu propio perfil como reclutador sea atractivo. Los candidatos investigan a quienes los contactan, y tener un perfil profesional, claro y bien estructurado puede marcar la diferencia entre que un candidato acepte o ignore tu solicitud de conexión. Asegúrate de que tu perfil refleje tus valores como reclutador, destacando tu enfoque en la construcción de relaciones auténticas y tu compromiso con el crecimiento profesional de los candidatos.

Incluir testimonios de otros candidatos o compañeros de trabajo puede ser una excelente manera de respaldar tu enfoque. Además, asegúrate de que tu sección "Acerca de" transmita de manera efectiva tu pasión por conectar a las personas con las oportunidades adecuadas y construir relaciones que beneficien tanto a los candidatos como a la empresa.

Interacción auténtica a través de mensajes

El primer mensaje que envíes a un candidato en LinkedIn es crucial. No solo es tu oportunidad de captar su atención, sino también de establecer un tono de autenticidad. Evita mensajes impersonales y centrados únicamente en las necesidades de la empresa. En su lugar, enfócate en el candidato y en lo que puedes ofrecerle. Un ejemplo de un buen primer mensaje podría ser:

"Hola [nombre del candidato], he estado revisando tu experiencia en [campo relevante] y creo que podrías encajar muy bien con algunas de las oportunidades que estamos desarrollando en [nombre de la empresa]. Me encantaría conocer más sobre tus objetivos profesionales y discutir cómo podríamos apoyarte en alcanzarlos."

Este tipo de mensaje no solo capta la atención del candidato, sino que también establece una base para una conversación más profunda.

Seguimiento proactivo y genuino

Una vez que has establecido el primer contacto, el seguimiento es esencial. Aquí es donde muchas relaciones potenciales se debilitan. Un seguimiento proactivo, genuino y bien programado refuerza tu interés en el candidato y mantiene la conversación en marcha. Por ejemplo, si un candidato ha mostrado interés pero aún no ha tomado una decisión, un mensaje de seguimiento bien pensado puede marcar la diferencia. Evita los seguimientos agresivos o impacientes; en su lugar, muestra que comprendes su proceso de decisión y estás disponible para cualquier pregunta o aclaración que necesite.

El impacto a largo plazo de las relaciones auténticas

Construir relaciones auténticas con los candidatos no solo tiene un impacto inmediato en el éxito de la contratación, sino que también tiene beneficios a largo plazo. Un candidato que ha tenido una experiencia positiva, aunque no haya sido seleccionado para un puesto en particular, puede convertirse en un defensor de la marca, recomendando la empresa a otros profesionales o incluso postulándose nuevamente en el futuro. Además, las relaciones auténticas fortalecen la reputación de la empresa como un lugar donde las personas son valoradas, lo que atrae a más candidatos de calidad y reduce los tiempos de contratación.

Para crear mensajes que realmente generen respuestas y nutran relaciones a largo plazo en el contexto del reclutamiento en LinkedIn, es crucial ir más allá de los simples mensajes genéricos o automatizados. La clave radica en personalizar cada interacción y transmitir genuino interés por la otra persona. Veamos en detalle cómo lograrlo.

Personalización: El Pilar Fundamental de la Comunicación

Uno de los errores más comunes en la comunicación profesional es el uso de plantillas genéricas que no resuenan con el destinatario. Para generar una respuesta positiva, el primer paso es la personalización. En lugar de enviar un mensaje masivo, tómate el tiempo de investigar el perfil del candidato. Esto te permitirá identificar puntos en común, intereses profesionales o incluso logros específicos que puedes mencionar en tu primer contacto.

Por ejemplo, si el candidato ha compartido un artículo reciente sobre tendencias en la industria tecnológica, puedes comenzar tu mensaje con algo como:

"Hola [Nombre], leí tu publicación sobre las últimas tendencias en inteligencia artificial y me pareció fascinante. Coincido especialmente con tu punto sobre la integración de IA en la toma de decisiones empresariales. En nuestra empresa estamos buscando personas con tu nivel de conocimiento para un proyecto similar. Me encantaría conversar contigo y explorar posibles colaboraciones."

Este enfoque no solo muestra que te has tomado el tiempo de investigar, sino que además crea una conexión directa entre los intereses del candidato y las oportunidades que ofreces.

El Valor de la Brevedad y Claridad en los Mensajes Iniciales

Aunque es importante personalizar el mensaje, también es crucial ser conciso. Los profesionales suelen tener agendas ocupadas y recibir múltiples mensajes al día, por lo que es necesario que el contenido sea claro y directo desde el principio. Un mensaje inicial debe centrarse en quién eres, por qué te interesa el candidato y cómo puede beneficiarse al responder.

Un buen ejemplo podría ser:

"Hola [Nombre], soy [Tu Nombre], gerente de reclutamiento en [Empresa]. Estamos expandiendo nuestro equipo y tu perfil nos llamó la atención por [razón específica]. Me encantaría conversar contigo para explorar cómo podríamos trabajar juntos. ¿Tienes tiempo esta semana para una breve charla?"

Este tipo de mensaje breve y personalizado aumenta las probabilidades de obtener una respuesta porque demuestra profesionalismo y respeto por el tiempo del candidato.

Nutriendo Relaciones a Largo Plazo

El proceso de reclutamiento no termina con un mensaje inicial. De hecho, incluso si el candidato no está interesado en la oportunidad en ese momento, es vital mantener la puerta abierta para futuras interacciones. Nutrir relaciones a largo plazo requiere de seguimiento, consistencia y un enfoque centrado en el valor.

Ejemplo 1: El Poder del Seguimiento

Uno de los mayores errores que cometen los reclutadores es no dar seguimiento después del primer contacto. Un candidato puede no haber respondido porque estaba ocupado o simplemente se olvidó. Un mensaje de seguimiento amigable puede ser el empujón necesario para que finalmente responda.

Un ejemplo de seguimiento podría ser:

"Hola [Nombre], solo quería asegurarme de que recibiste mi mensaje anterior. Entiendo que puedes estar ocupado, pero realmente me gustaría conversar contigo sobre cómo podríamos trabajar juntos en el futuro. ¿Te parece bien si reprogramamos nuestra charla?"

Este tipo de mensaje muestra interés sin ser intrusivo y recuerda al candidato que aún tienes en mente su perfil.

Ejemplo 2: Agregar Valor en Cada Interacción

No todas las interacciones deben ser un intento de reclutamiento. Para nutrir una relación a largo plazo, debes ofrecer algo de valor en cada contacto, ya sea compartir un artículo relevante, felicitar al candidato por un logro o simplemente preguntar cómo va su carrera profesional. Este enfoque demuestra que valoras la relación más allá de tus necesidades inmediatas.

Por ejemplo:

"Hola [Nombre], vi que recientemente fuiste reconocido por [logro específico]. ¡Felicidades! Quería aprovechar para compartir un artículo que encontré sobre [tema relevante] que creo que podría interesarte. Espero que sigamos en contacto."

Este mensaje no pide nada a cambio, pero fortalece la relación y mantiene tu nombre en la mente del candidato.

La Comunicación a lo Largo del Tiempo

Las relaciones a largo plazo requieren de consistencia. Esto no significa enviar mensajes cada semana, sino estar presente de manera estratégica en los momentos clave de la carrera de un candidato. Estar al tanto de sus cambios de trabajo, nuevas certificaciones o incluso actualizaciones en su perfil de LinkedIn te dará oportunidades naturales para reactivar la conversación.

Imagina que un candidato cambia de trabajo a una empresa que no es un competidor directo, puedes enviar un mensaje como:

"Hola [Nombre], me enteré que has comenzado un nuevo rol en [Nueva Empresa]. ¡Felicitaciones! Me encantaría escuchar cómo va la transición y saber si hay alguna forma en la que podamos seguir colaborando en el futuro."

Este tipo de interacción, además de personalizarse, muestra interés genuino y abre la puerta a futuras colaboraciones sin ser insistente.

La Importancia de la Empatía y la Escucha Activa

Una de las habilidades más subestimadas en la comunicación es la capacidad de escuchar. En lugar de solo transmitir mensajes, es vital prestar atención a las respuestas y ajustar tu enfoque según las necesidades del candidato. Si un candidato menciona que no está buscando trabajo en ese momento, una respuesta empática y de apoyo puede allanar el camino para futuras conversaciones.

Un ejemplo de cómo manejar esto podría ser:

"Gracias por la actualización, [Nombre]. Entiendo que no estés buscando nuevas oportunidades en este momento. Si en algún momento en el futuro cambia tu situación o si necesitas asesoramiento en tu carrera, no dudes en ponerte en contacto. Estaré encantado de ayudarte de cualquier forma que pueda."

Este enfoque muestra respeto por las circunstancias del candidato y mantiene la relación abierta sin presionar.

Utilizando LinkedIn para Nutrir Relaciones

LinkedIn es una plataforma ideal para mantener relaciones a largo plazo sin la necesidad de estar en contacto constante. Al interactuar con las publicaciones de un candidato, comentar sus logros o recomendar sus habilidades, puedes mantener la relación sin ser intrusivo.

Por ejemplo, si un candidato publica sobre una conferencia en la que participó, podrías comentar:

"¡Qué gran participación, [Nombre]! Es genial ver cómo sigues contribuyendo a la industria. Espero que tengamos la oportunidad de colaborar pronto."

Este tipo de interacción pública refuerza la relación y muestra que estás interesado en sus actividades profesionales sin necesidad de enviar mensajes privados constantemente.

Enviar mensajes que generen respuestas y nutran relaciones a largo plazo en el reclutamiento en LinkedIn requiere de personalización, empatía y consistencia. No se trata solo de llenar vacantes, sino de construir una red de relaciones profesionales sólidas que puedan ser beneficiosas tanto para el reclutador como para el candidato en el futuro. Al adoptar una estrategia que prioriza el valor agregado, la escucha activa y el seguimiento adecuado, los reclutadores pueden crear conexiones duraderas y auténticas.

CAPÍTULO 4: CREANDO UNA MARCA EMPLEADORA ATRACTIVA

La marca empleadora es un concepto que ha ganado una relevancia incuestionable en el mundo del reclutamiento moderno, especialmente en plataformas como LinkedIn, donde millones de profesionales buscan no solo nuevas oportunidades laborales, sino también empresas con las que puedan alinearse en términos de valores, cultura y objetivos. En el competitivo entorno laboral actual, contar con una marca empleadora atractiva no es simplemente una opción, sino una necesidad estratégica para atraer y retener al talento ideal.

Una marca empleadora fuerte no se construye de la noche a la mañana. Requiere una planificación deliberada, un entendimiento profundo de lo que distingue a tu empresa y, sobre todo, una comunicación clara y coherente de esa propuesta de valor. En este capítulo, exploraremos cómo puedes definir, desarrollar y comunicar de manera efectiva la propuesta de valor de tu empresa, con el objetivo de posicionarte como una opción atractiva para los mejores talentos. Hacerlo correctamente no solo te ayudará a atraer profesionales cualificados, sino que también fomentará un equipo motivado y comprometido.

Definiendo la Propuesta de Valor de tu Empresa

El primer paso para crear una marca empleadora atractiva es definir con precisión la propuesta de valor de tu empresa. Esta propuesta de valor, también conocida como EVP (Employee Value Proposition, por sus siglas en inglés), es una declaración clara que resume lo que tu empresa ofrece a sus empleados en términos de cultura, beneficios, crecimiento profesional y experiencias laborales. A través de la EVP, las empresas pueden destacar lo que les hace únicas frente a otras organizaciones.

Para construir una propuesta de valor convincente, es esencial que te pongas en el lugar de los posibles empleados. ¿Qué están buscando los profesionales del sector en el que operas? ¿Qué aspectos de tu cultura empresarial pueden resultar más atractivos? ¿Qué oportunidades de crecimiento o desarrollo profesional pueden diferenciarte de la competencia?

La EVP debe ir más allá de los simples beneficios económicos. Si bien los salarios competitivos y los paquetes de compensaciones son importantes, los profesionales modernos valoran mucho más que eso. Buscan empresas con un propósito claro, que les ofrezcan un ambiente de trabajo saludable, oportunidades de aprendizaje y desarrollo continuo, equilibrio entre la vida laboral y personal, y un sentido de pertenencia y contribución. Definir una propuesta de valor sólida implica entender las expectativas cambiantes del talento moderno y adaptarte a ellas.

Por ejemplo, si tu empresa se compromete con el desarrollo sostenible, ese puede ser un elemento clave de tu propuesta de valor. Si ofreces políticas laborales flexibles, como la posibilidad de trabajar de forma remota, asegúrate de incluirlo en tu mensaje. Estos elementos son diferenciadores que pueden atraer a profesionales que buscan más que un simple empleo: buscan una experiencia laboral gratificante y alineada con sus valores.

Comunicar la Propuesta de Valor de tu Empresa

Una vez que hayas definido tu propuesta de valor, el siguiente paso es comunicarla de manera efectiva. Aquí es donde muchas empresas fallan: tienen una cultura fuerte y beneficios valiosos, pero no logran transmitirlos de forma clara a sus empleados potenciales. Para evitar esto, es fundamental que tu propuesta de valor sea el corazón de todas tus estrategias de comunicación, tanto internas como externas.

Primero, asegúrate de que tu perfil de empresa en LinkedIn refleje claramente tu propuesta de valor. Este es el punto de contacto inicial para muchos candidatos potenciales, y debe comunicar de manera efectiva quién eres como empleador. ¿Cómo es la vida diaria en tu empresa? ¿Qué valores promueves? ¿Qué tipo de personas prosperan en tu entorno? Utiliza la sección de "Acerca de" en LinkedIn para destacar estos aspectos. No te limites a hablar de tu misión corporativa o de tus productos; enfócate en las personas que hacen que tu empresa sea lo que es.

Una estrategia eficaz para comunicar tu propuesta de valor es a través del contenido visual. Publicar fotos o videos que muestren la cultura de tu empresa en acción, como eventos de equipo, programas de desarrollo profesional, iniciativas de bienestar y actividades comunitarias, puede tener un impacto significativo en cómo los posibles empleados perciben tu organización. Las imágenes y videos son formas poderosas de mostrar, en lugar de simplemente decir, lo que tu empresa representa.

También es importante involucrar a tus empleados actuales en este proceso. Los empleados satisfechos son los mejores embajadores de tu marca empleadora. Anímalos a compartir sus experiencias en LinkedIn y otras plataformas, ya sea a través de publicaciones propias o mediante su participación en eventos virtuales o conferencias. Los testimonios de empleados pueden proporcionar una visión auténtica y convincente de cómo es realmente trabajar en tu empresa.

Además, no subestimes el poder de las reseñas de empleados en plataformas como Glassdoor o Indeed. Aunque no siempre puedas controlar lo que se dice sobre tu empresa, puedes influir positivamente en las percepciones brindando una excelente experiencia de trabajo a tus empleados. Fomentar una cultura empresarial positiva no solo impacta en la productividad y satisfacción interna, sino que también se refleja en la forma en que tu empresa es vista externamente.

La Importancia de la Coherencia en Todos los Puntos de Contacto

Una propuesta de valor sólida y bien comunicada no solo debe ser atractiva, sino también coherente. Todos los puntos de contacto con los candidatos potenciales deben alinearse con el mensaje que estás enviando. Esto significa que desde el momento en que un candidato interactúa con tu contenido en LinkedIn, hasta el proceso de entrevistas y la eventual incorporación, todo debe reflejar los valores y la cultura que promueves.

La experiencia del candidato es un reflejo directo de tu marca empleadora. Si tu propuesta de valor enfatiza un entorno colaborativo y de apoyo, pero el proceso de selección resulta ser frío y desorganizado, se generará una disonancia que puede llevar a los candidatos a desconfiar de tu empresa. Para evitar esto, asegúrate de que todos los involucrados en el proceso de contratación, desde los reclutadores hasta los gerentes de contratación, estén alineados con la propuesta de valor y la representen de manera adecuada.

Un aspecto clave para mantener esta coherencia es la transparencia. No prometas beneficios o experiencias que no puedas cumplir. Si tu empresa está en constante cambio o aún no ha alcanzado ciertos objetivos en términos de cultura o beneficios, es mejor ser honesto al respecto. Los candidatos valoran la autenticidad y prefieren una empresa que sea transparente sobre sus desafíos, en lugar de una que presente una fachada perfecta pero irreal.

Asimismo, la coherencia debe mantenerse a largo plazo. No basta con atraer a los empleados con una propuesta de valor convincente si, una vez dentro, descubren que la realidad no coincide con lo que se les prometió. La retención de talento es tan importante como la atracción, y para lograrla, es necesario que la cultura interna sea una manifestación auténtica de la propuesta de valor.

La Cultura Empresarial como Pilar de la Marca Empleadora

La cultura empresarial es el corazón de cualquier marca empleadora exitosa. Es lo que define cómo se trabaja en la empresa, cómo se toman decisiones, cómo se manejan los conflictos y, en general, cómo las personas interactúan entre sí y con la organización. Una cultura fuerte no solo atrae a los candidatos adecuados, sino que también los motiva a quedarse y crecer dentro de la empresa.

Desarrollar una cultura empresarial sólida implica, en primer lugar, definir los valores fundamentales de tu organización. ¿Qué es lo más importante para tu empresa? ¿La innovación, la colaboración, la responsabilidad social? Estos valores deben estar claramente definidos y ser comprensibles para todos los empleados. Pero no basta con definirlos; deben ser practicados a diario y reflejados en todas las acciones de la empresa, desde las políticas internas hasta las decisiones estratégicas.

Una cultura empresarial positiva también implica fomentar un ambiente inclusivo y diverso. La diversidad no solo es un valor fundamental para muchas empresas modernas, sino que también enriquece la experiencia laboral al ofrecer múltiples perspectivas y fomentar la innovación. Los empleados que sienten que pueden ser ellos mismos en el lugar de trabajo están más comprometidos y satisfechos, lo que a su vez fortalece la marca empleadora.

Otra clave para desarrollar una cultura empresarial fuerte es ofrecer oportunidades de desarrollo personal y profesional. Las empresas que invierten en la formación y crecimiento de sus empleados no solo mejoran sus habilidades internas, sino que también envían un mensaje claro de que valoran y apoyan el progreso individual. Esto es particularmente importante para las nuevas generaciones de trabajadores, que buscan empresas donde puedan aprender, crecer y avanzar en sus carreras.

Construyendo una Marca Empleadora Duradera

Construir una marca empleadora atractiva y duradera es un proceso continuo que requiere compromiso y autenticidad. Definir una propuesta de valor clara y comunicarla de manera coherente es esencial para atraer al talento ideal. Al hacerlo, no solo te posicionarás como una empresa deseable, sino que también crearás un entorno donde los empleados actuales puedan prosperar y sentirse valorados.

Recuerda que la clave del éxito en el reclutamiento moderno no reside únicamente en los salarios competitivos o los beneficios tangibles, sino en la creación de una experiencia laboral gratificante y alineada con los valores de los empleados. En un mundo donde las opciones son innumerables y el talento es cada vez más exigente, contar con una marca empleadora sólida y auténtica te permitirá destacar, no solo como un empleador, sino como un referente en tu industria.

De esta forma, tu empresa podrá no solo atraer a los mejores profesionales, sino también crear una comunidad de empleados comprometidos, satisfechos y orgullosos de formar parte de ella.

Contenidos que Resuenan con los Candidatos Ideales

En el mundo actual, los profesionales no buscan simplemente un empleo; buscan experiencias significativas que les permitan crecer, sentirse valorados y trabajar en un entorno que resuene con sus principios y aspiraciones. En este contexto, la capacidad de las empresas para generar contenidos que se conecten emocional e intelectualmente con los candidatos ideales es más crucial que nunca. LinkedIn, como la principal plataforma profesional a nivel global, ofrece una oportunidad única para lograr esa conexión, ya que es el lugar donde los candidatos pueden conocer la cultura de una empresa incluso antes de postularse.

Para atraer al talento adecuado, es vital que el contenido que se publica en LinkedIn esté alineado con la cultura organizacional y que refleje auténticamente lo que la empresa representa. Crear contenido que resuene con los candidatos ideales implica más que simplemente hablar de lo que haces como empresa; implica comunicar cómo lo haces, por qué lo haces y cómo las personas que forman parte de tu equipo son fundamentales en ese proceso.

La Importancia de Entender a los Candidatos Ideales

El primer paso para crear contenido efectivo es entender profundamente quiénes son tus candidatos ideales. ¿Qué tipo de perfiles buscas atraer? ¿Qué les motiva en su vida profesional? ¿Qué tipo de cultura organizacional buscan? Las respuestas a estas preguntas te ayudarán a diseñar un contenido que realmente hable su lenguaje y que se conecte con sus aspiraciones.

Por ejemplo, si tu empresa busca atraer a desarrolladores de software, probablemente este grupo valora la innovación tecnológica, las oportunidades de aprendizaje y el trabajo flexible. En este caso, los contenidos que destacan proyectos de vanguardia, el uso de tecnologías emergentes, y un enfoque en la formación y desarrollo profesional serán mucho más efectivos que los que solo se enfocan en describir la misión general de la empresa. Por otro lado, si tu empresa busca atraer a profesionales del área de marketing, es probable que estos candidatos valoren la creatividad, la colaboración y la posibilidad de trabajar en proyectos innovadores con impacto real en el mercado. En este caso, los contenidos que promuevan un ambiente dinámico, la libertad para proponer ideas frescas y el reconocimiento de logros creativos serán los que capten su atención.

Entender a los candidatos ideales no solo se trata de conocer sus habilidades técnicas, sino también de comprender sus valores y prioridades personales. Hoy en día, muchos profesionales buscan trabajar para empresas que promuevan la diversidad, la inclusión y la responsabilidad social. Estos valores, cuando son parte integral de tu cultura, deben reflejarse en el contenido que publicas. Las empresas que se comprometen a apoyar causas sociales, ofrecer entornos de trabajo inclusivos y fomentar un equilibrio saludable entre la vida laboral y personal, pueden atraer a una amplia gama de candidatos que buscan algo más que una remuneración competitiva.

Tipos de Contenidos que Resuenan

Para lograr que tu contenido resuene con los candidatos ideales, es importante diversificar el tipo de publicaciones que realizas. No todos los candidatos responden de la misma manera a un solo tipo de mensaje, por lo que alternar entre diferentes formatos y enfoques es clave. A continuación, exploramos varios tipos de contenido que pueden tener un impacto significativo en LinkedIn.

1. Historias de empleados

Un recurso poderoso es compartir historias reales de empleados actuales. Esto le da a los candidatos potenciales una idea clara de cómo es realmente trabajar en tu empresa y, al mismo tiempo, humaniza a la organización. En lugar de describir lo grandiosa que es la cultura laboral, permite que sean los propios empleados quienes lo cuenten. Publicar entrevistas, testimonios o historias personales puede ser un gran atractivo.

Por ejemplo, si tienes un equipo multicultural, podrías destacar cómo la diversidad de perspectivas contribuye al éxito de la empresa. Imagina que publicas una entrevista con un empleado que ha podido escalar posiciones dentro de la compañía y que cuenta cómo ha sido apoyado para crecer y desarrollarse profesionalmente. Este tipo de historias pueden generar un vínculo emocional con los candidatos, quienes no solo verán a la empresa como un buen lugar para trabajar, sino como una organización que invierte en su gente y en su bienestar.

2. Publicaciones sobre la vida en la oficina (o en remoto)

Otro tipo de contenido muy efectivo es mostrar cómo es la vida diaria dentro de la empresa. Ya sea en la oficina o en un entorno de trabajo remoto, los candidatos desean saber cómo es el ambiente de trabajo. Publicar fotos y videos de eventos internos, actividades recreativas, celebraciones o incluso momentos cotidianos puede mostrar el lado más humano de la empresa.

Un buen ejemplo sería una publicación que destaque cómo los empleados manejan el equilibrio entre el trabajo y la vida personal. Si tu empresa fomenta políticas de trabajo flexible o remoto, mostrar cómo los empleados disfrutan de estas opciones puede ser un excelente gancho para atraer a profesionales que valoren este tipo de beneficios. Mostrar a los empleados trabajando desde sus hogares, participando en actividades sociales virtuales o en eventos presenciales ayudará a los candidatos a visualizarse dentro de la organización.

3. Contenido relacionado con el propósito y los valores de la empresa

Hoy más que nunca, los profesionales quieren trabajar para empresas con propósito. Publicar contenido que refleje el compromiso de tu empresa con causas importantes, como la sostenibilidad, la igualdad de género, la diversidad y la inclusión, o cualquier otro valor que forme parte de tu cultura organizacional, puede ayudarte a atraer a candidatos que compartan esos mismos valores.

Por ejemplo, si tu empresa tiene programas de responsabilidad social corporativa, puedes compartir historias sobre las iniciativas que lideras, cómo contribuyes a la comunidad y cómo los empleados pueden participar en estas actividades. Los candidatos que valoran trabajar en empresas que buscan tener un impacto positivo en el mundo se sentirán atraídos por este tipo de contenido.

4. Proyectos y desafíos empresariales

Publicar sobre los proyectos en los que tu empresa está trabajando también puede ser una gran fuente de atracción. Los candidatos ideales no solo buscan un buen ambiente laboral, sino también oportunidades para participar en proyectos interesantes, desafiantes y gratificantes. Compartir detalles sobre estos proyectos puede despertar el interés de los profesionales que quieren formar parte de una empresa innovadora.

Por ejemplo, si tu empresa está desarrollando una nueva tecnología, lanzando un producto disruptivo o liderando una iniciativa importante dentro de su sector, debes compartir esas novedades. Los candidatos que buscan desafíos profesionales verán estos proyectos como oportunidades para crecer y aportar sus habilidades.

5. Contenido visual

El contenido visual tiene un poder inmenso en LinkedIn, especialmente cuando se trata de comunicar la cultura organizacional. Utilizar imágenes, infografías y videos para mostrar la vida dentro de la empresa puede captar la atención de los candidatos de manera rápida y efectiva. Los videos en particular permiten una experiencia inmersiva y pueden transmitir emociones y detalles que las palabras a veces no logran captar.

Un ejemplo exitoso podría ser un video corto que resuma un día típico en la empresa, mostrando a los empleados colaborando, interactuando en reuniones o disfrutando de actividades recreativas. Los videos pueden ser especialmente útiles para mostrar momentos clave como eventos de formación, celebraciones de logros o actividades de teambuilding.

La Importancia de la Cultura Organizacional en LinkedIn

Un aspecto esencial de todo contenido en LinkedIn es que debe reflejar genuinamente la cultura organizacional de la empresa. La cultura organizacional es el conjunto de valores, normas y prácticas que definen cómo se comportan las personas dentro de la organización. No es algo que se pueda fingir o crear artificialmente, ya que los empleados y candidatos podrán identificar rápidamente si existe una discrepancia entre lo que la empresa dice ser y lo que realmente es.

1. Autenticidad y coherencia

Una de las claves para construir una marca empleadora fuerte en LinkedIn es la autenticidad. Si bien es tentador crear una imagen idealizada de la empresa, los candidatos valoran mucho más una representación honesta y transparente de lo que pueden esperar si deciden unirse a tu equipo. Esto no significa que debas compartir todos los desafíos o dificultades, pero sí implica ser coherente con los valores y la cultura que promueves.

Por ejemplo, si tu empresa se enorgullece de fomentar un ambiente inclusivo, tus publicaciones en LinkedIn deben respaldar esta afirmación, mostrando iniciativas concretas, como programas de mentoría para grupos subrepresentados, charlas sobre diversidad o actividades que promuevan la inclusión. No basta con hacer declaraciones genéricas; las acciones hablan mucho más fuerte.

2. Cultura empresarial en la experiencia del candidato

El proceso de selección es otra oportunidad clave para comunicar la cultura organizacional. Los candidatos no solo evaluarán a la empresa por el contenido que vean en LinkedIn, sino también por la forma en que se lleva a cabo el proceso de reclutamiento. Un proceso de selección claro, respetuoso y eficiente refuerza la imagen de una empresa profesional y organizada, lo que a su vez refleja una cultura de respeto y transparencia.

Por ejemplo, si la empresa promueve la colaboración como uno de sus valores clave, los candidatos deberían experimentar este valor desde el primer contacto. Esto puede traducirse en entrevistas que involucren a varios miembros del equipo, en lugar de solo al gerente de contratación, o en la inclusión de ejercicios prácticos colaborativos durante el proceso de selección.

3. Los empleados como embajadores de la cultura

Los empleados actuales juegan un papel crucial en la promoción de la cultura organizacional en LinkedIn. Sus interacciones, publicaciones y testimonios reflejan cómo es trabajar en la empresa. Fomentar que los empleados compartan sus experiencias laborales en LinkedIn no solo humaniza a la organización, sino que también ofrece una visión auténtica desde la perspectiva de quienes forman parte de ella.

Imagina un escenario en el que varios empleados comparten espontáneamente sus logros o reflexionan sobre proyectos en los que han trabajado, mencionando cómo han contado con el apoyo de la empresa para alcanzar sus objetivos. Este tipo de contenido generado por los empleados es mucho más persuasivo que cualquier declaración formal que la empresa pueda hacer.

Ejemplos de Cultura Organizacional en Empresas Líderes en LinkedIn

Varias empresas han dominado el arte de comunicar su cultura organizacional de manera efectiva en LinkedIn, y sus ejemplos pueden servir como inspiración para cualquier organización que busque mejorar su presencia en esta plataforma.

Google

Google es conocido por su cultura de innovación y aprendizaje continuo. La empresa utiliza LinkedIn para mostrar no solo las oportunidades laborales, sino también cómo sus empleados tienen la libertad de explorar nuevas ideas y proyectos. Publican historias de empleados que han iniciado proyectos innovadores dentro de la empresa, lo que refuerza la idea de que Google es un lugar donde las ideas frescas son bienvenidas.

Airbnb

Airbnb se enfoca en destacar su compromiso con la inclusión y la diversidad. A través de LinkedIn, comparten historias de empleados de diversas procedencias, mostrando cómo sus experiencias únicas han contribuido al éxito de la empresa. Al mismo tiempo, Airbnb publica contenido sobre sus iniciativas globales para crear un ambiente inclusivo, lo que les permite atraer a candidatos que valoran estos principios.

Salesforce

Salesforce pone un fuerte énfasis en el impacto social y la cultura de bienestar. Publican frecuentemente sobre las actividades de voluntariado de sus empleados y sobre cómo la empresa apoya el desarrollo personal y profesional. Este enfoque en el bienestar y la responsabilidad social atrae a candidatos que buscan trabajar en una empresa con propósito.

Crear contenido que resuene con los candidatos ideales en LinkedIn es un proceso estratégico que requiere una profunda comprensión de lo que motiva y apasiona a los profesionales que deseas atraer. A través de historias auténticas, ejemplos concretos y la promoción de una cultura organizacional genuina, puedes construir una marca empleadora que destaque en la plataforma. Cuando los candidatos ven que tus valores y cultura están alineados con sus expectativas, la conexión será más fuerte, lo que aumentará las posibilidades de atraer y retener al mejor talento para tu empresa.

Aspecto	Descripción	Ejemplo
Entender a los candidatos ideales	Identificar motivaciones, valores y prioridades profesionales de los candidatos para crear contenido personalizado y atractivo.	Empresas tecnológicas publican sobre proyectos innovadores y el uso de tecnologías emergentes.
Historias de empleados	Compartir testimonios y experiencias reales de empleados para humanizar la organización y conectar emocionalmente con los candidatos.	Entrevista con un empleado que ha crecido profesionalmente dentro de la empresa.
Publicaciones sobre la vida en la oficina	Mostrar fotos, videos y contenido que refleje el día a día en la empresa, ya sea en la oficina o en entornos remotos.	Fotos de empleados participando en actividades recreativas o eventos de teambuilding.
Contenido relacionado con valores	Resaltar el compromiso de la empresa con causas sociales, diversidad, inclusión y responsabilidad corporativa.	Publicaciones sobre iniciativas de sostenibilidad o programas de inclusión dentro de la empresa.
Proyectos y desafíos empresariales	Compartir detalles sobre proyectos interesantes y desafiantes en los que los empleados trabajan, destacando la innovación.	Publicación sobre el lanzamiento de un nuevo producto disruptivo o tecnología avanzada.
Contenido visual	Uso de imágenes, infografías y videos para captar la atención de los candidatos de manera efectiva, mostrando la cultura de la empresa.	Video que resume un día típico en la empresa, mostrando la colaboración entre los equipos.
Autenticidad y coherencia	Reflejar genuinamente la cultura organizacional en todo el contenido, mostrando transparencia y consistencia con los valores promovidos.	Publicar sobre la diversidad con ejemplos reales y programas activos en la empresa.
Cultura en la experiencia del candidato	Reflejar la cultura empresarial durante el proceso de selección, ofreciendo entrevistas colaborativas y un proceso claro y respetuoso.	Proceso de selección que incluye a varios miembros del equipo para promover el valor de la colaboración.

Empleados como embajadores	Fomentar que los empleados compartan espontáneamente sus experiencias en LinkedIn, promoviendo la cultura de la empresa.	Empleados publicando sobre logros personales y proyectos interesantes en los que trabajan.
Ejemplo: Google	Enfocado en la innovación y el aprendizaje continuo, mostrando libertad para explorar ideas nuevas dentro de la empresa.	Historias de empleados que han lanzado proyectos innovadores dentro de Google.
Ejemplo: Airbnb	Promueve la inclusión y la diversidad, compartiendo historias de empleados con diversas experiencias que enriquecen la cultura.	Historias de empleados globales y su impacto en el éxito de la empresa.
Ejemplo: Salesforce	Destaca el bienestar y la responsabilidad social, compartiendo las actividades de voluntariado de los empleados y su desarrollo personal.	Publicaciones sobre cómo Salesforce apoya el desarrollo profesional y el impacto social de sus empleados.

Tabla Resumen

CAPÍTULO 5: ESTRATEGIAS DE SEGUIMIENTO Y CIERRE DE CONTRATACIÓN

El proceso de reclutamiento no termina cuando has identificado a los mejores candidatos; en realidad, apenas comienza una de las fases más críticas: el seguimiento y el cierre de la contratación. En un entorno competitivo, los candidatos más valiosos a menudo están en el radar de múltiples organizaciones, lo que significa que es crucial mantener su interés, guiar el proceso con transparencia y eficiencia, y, finalmente, cerrar con éxito el acuerdo. En este capítulo, abordaremos las mejores estrategias para mantener el interés de los candidatos y asegurar que los mejores talentos se unan a tu organización.

Manteniendo el Interés de los Candidatos

Uno de los desafíos más comunes en el reclutamiento es mantener a los candidatos comprometidos durante todo el proceso, desde la entrevista inicial hasta la oferta final. La falta de comunicación clara, los retrasos y la percepción de falta de interés por parte del empleador son algunas de las razones más comunes por las que los candidatos pierden interés. A continuación, exploraremos varias estrategias que te permitirán mantener el interés y la motivación de los candidatos hasta el cierre del proceso.

1. Comunicación Continua y Transparente

Los candidatos necesitan sentir que son valorados y que hay transparencia en el proceso de selección. Una de las principales quejas de los candidatos durante el proceso de contratación es la falta de comunicación. Asegúrate de tener un sistema claro y consistente para informar a los candidatos sobre el estado de su candidatura.

- Mensajes personalizados: Evita los correos electrónicos genéricos. En lugar de eso, personaliza los mensajes y mantén un tono humano y cercano. Un simple mensaje para agradecer su tiempo y paciencia puede marcar una gran diferencia en la percepción del candidato.

- Actualizaciones regulares: Mantén al candidato informado sobre cada etapa del proceso. Aunque no haya nuevas noticias, es importante comunicarte con frecuencia para que sepan que no han sido olvidados.

- Plazos claros: Define desde el principio los plazos del proceso y cúmplelos. Si un candidato sabe que recibirá una actualización en una semana, es menos probable que pierda interés.

2. Agilización del Proceso de Contratación

El tiempo es crucial. Los procesos de contratación largos y llenos de trámites pueden desalentar a los candidatos, especialmente si están en contacto con otros empleadores. La agilización del proceso es una estrategia clave para mantener el interés.

- Entrevistas eficientes: Limita el número de entrevistas necesarias y asegúrate de que cada una tenga un propósito claro. Las entrevistas repetitivas pueden hacer que los candidatos sientan que su tiempo no es valorado.

- Decisiones rápidas: Si tienes un buen candidato en mente, actúa rápido. Las demoras en la toma de decisiones pueden resultar en que el candidato acepte otra oferta mientras espera una respuesta.

3. Crear una Experiencia Positiva para el Candidato

Desde el primer contacto hasta el cierre, la experiencia del candidato debe ser una prioridad. Un proceso de selección bien diseñado no solo atraerá a los mejores talentos, sino que también mejorará la percepción de tu marca como empleador.

- Entrevistas centradas en el candidato: Haz que las entrevistas se sientan como una conversación mutua, no solo una evaluación unilateral. Permite que el candidato haga preguntas y entienda mejor la cultura y los valores de la empresa.

- Trato personalizado: Tómate el tiempo para conocer a cada candidato y sus motivaciones. Asegúrate de que comprendan cómo pueden crecer y desarrollarse dentro de la organización. Cuando un candidato siente que su futuro está alineado con el de la empresa, es más probable que mantenga su interés.

4. Mostrar Interés Genuino por el Candidato

Una de las formas más efectivas de mantener a un candidato interesado es mostrar un interés genuino en él como persona. Esto va más allá de simplemente evaluar sus habilidades; implica entender sus expectativas, preocupaciones y ambiciones.

- Escucha activa: Durante todo el proceso, demuestra que valoras lo que el candidato tiene que decir. Pregunta por sus expectativas salariales, su disponibilidad, sus objetivos a largo plazo y adapta la oferta de acuerdo a esas respuestas.

- Ofrecer flexibilidad: En un mercado laboral en constante evolución, la flexibilidad en términos de trabajo remoto, horario laboral y desarrollo profesional es cada vez más atractiva para los candidatos. Si puedes ofrecer condiciones laborales flexibles, estarás en una posición más fuerte para mantener su interés.

Estrategias para Cerrar con Éxito la Contratación

Llegar al final del proceso de reclutamiento y no cerrar con éxito la contratación puede ser frustrante para ambas partes. Sin embargo, con las estrategias correctas, puedes asegurarte de finalizar el proceso con una oferta que sea atractiva para el candidato y beneficiosa para la empresa.

1. Ofertas Competitivas y Personalizadas

Las expectativas salariales y de beneficios varían de un candidato a otro, por lo que es esencial personalizar las ofertas según lo que has aprendido sobre el candidato durante el proceso.

- Investigación de mercado: Asegúrate de que la oferta sea competitiva en comparación con las oportunidades disponibles en el mercado. Una oferta inferior al estándar de la industria puede llevar a que el candidato rechace la propuesta.

- Beneficios atractivos: Los beneficios adicionales, como el trabajo remoto, bonos por desempeño, tiempo libre remunerado y oportunidades de desarrollo profesional, son cada vez más importantes. Si bien el salario sigue siendo un factor clave, los beneficios adicionales pueden inclinar la balanza.

2. Flexibilidad en las Negociaciones

Al hacer una oferta, no des por sentado que el candidato aceptará inmediatamente. Muchas veces, los candidatos tienen preguntas o contraofertas. Es importante mostrar flexibilidad en la negociación y estar dispuesto a encontrar un punto intermedio que funcione para ambas partes.

- Escuchar las necesidades del candidato: Durante las negociaciones, demuestra que estás dispuesto a adaptarte a sus expectativas. Esto puede incluir ajustar el salario, los beneficios, o incluso el horario laboral.

- Negociaciones transparentes: Sé claro y honesto sobre lo que la empresa puede y no puede ofrecer. Si no puedes satisfacer todas las demandas del candidato, ofrécele una explicación sincera de por qué ciertas concesiones no son posibles en este momento.

3. Proporcionar Seguridad y Claridad

Uno de los mayores factores que influye en la decisión final de un candidato es la seguridad que siente al unirse a la organización. Los candidatos deben sentir que están tomando una decisión informada y que no habrá sorpresas desagradables después de su incorporación.

- Expectativas claras: Durante la oferta, asegúrate de que el candidato tenga una idea clara de sus responsabilidades, su posición dentro del equipo y lo que se espera de él en los primeros meses.

- Visión a largo plazo: Si un candidato puede ver cómo puede crecer y desarrollarse dentro de la empresa, será más probable que acepte la oferta. Explica los planes de desarrollo profesional que la empresa tiene para él y cómo su rol se ajusta a los objetivos a largo plazo de la organización.

El seguimiento y cierre de una contratación son fases críticas en el proceso de reclutamiento. Un buen reclutador no solo identifica a los mejores talentos, sino que también asegura que se sientan valorados y comprometidos a lo largo de todo el proceso. Mediante una comunicación clara, la creación de una experiencia positiva para el candidato y la oferta de una propuesta atractiva, puedes garantizar que los mejores talentos elijan tu organización para su próximo paso profesional.

Con las estrategias adecuadas, no solo atraerás al mejor talento, sino que también crearás una reputación sólida como empleador, lo que te permitirá sobresalir en el competitivo mercado de reclutamiento actual.

Técnicas para Realizar Entrevistas Efectivas

Las entrevistas de trabajo son una de las herramientas más importantes dentro del proceso de contratación. No solo sirven para conocer a los candidatos desde una perspectiva más personal, sino que también son un espacio para evaluar sus competencias, actitudes y habilidades interpersonales en tiempo real. Realizar entrevistas efectivas no es simplemente sentarse y hacer preguntas, sino que requiere de técnicas claras, objetivos bien definidos y una preparación previa. A continuación, exploraremos algunas de las técnicas más utilizadas y cómo aplicarlas para asegurar que las entrevistas proporcionen información valiosa y permitan tomar decisiones fundamentadas.

1. Preparación Detallada

Antes de cualquier entrevista, es esencial contar con una preparación meticulosa. Esto implica más que solo revisar el currículum del candidato. Implica tener una comprensión clara de las competencias clave necesarias para el puesto, así como las cualidades y valores que la empresa está buscando.

- Revisión del perfil del candidato: Al revisar el currículum, identifica puntos clave sobre su experiencia laboral, habilidades técnicas y logros. Además, prepárate para preguntar sobre cualquier inconsistencia o brecha en su historial laboral. Esta información te ayudará a estructurar preguntas que indaguen más allá de lo que está escrito.

- Comprensión del rol: Entender a fondo el puesto para el cual estás entrevistando es crucial. No solo debes conocer las tareas diarias que el candidato realizará, sino también cómo encaja ese puesto en los objetivos a largo plazo de la empresa. Esto te permitirá preguntar con mayor precisión sobre las capacidades estratégicas del candidato y cómo puede contribuir al éxito general del equipo.

Ejemplo: Si estás entrevistando a un candidato para una posición de líder de proyecto, tu preparación debe incluir preguntas sobre gestión de equipo, planificación y ejecución de proyectos, así como manejo de situaciones de crisis. Estar preparado te permitirá hacer preguntas basadas en situaciones reales que pueda haber enfrentado el candidato en el pasado, como: "¿Cuéntame sobre un proyecto en el que el cronograma se salió de control? ¿Qué medidas tomaste para resolver la situación y qué aprendiste de esa experiencia?"

2. Hacer Preguntas Conductuales y Basadas en Competencias

Las preguntas conductuales son una de las mejores técnicas para evaluar cómo un candidato ha manejado situaciones específicas en el pasado. Estas preguntas se basan en la premisa de que el comportamiento pasado es el mejor predictor del comportamiento futuro. Por ello, en lugar de preguntar sobre hipotéticos, es más eficaz indagar sobre experiencias reales que el candidato haya tenido en su trabajo previo.

- Modelo STAR (Situación, Tarea, Acción, Resultado): Este modelo es útil para guiar al candidato a estructurar sus respuestas de manera clara y detallada. Al pedirles que describan una situación en la que tuvieron que enfrentar un desafío, una tarea que les fue asignada, la acción que tomaron y el resultado de esa acción, puedes obtener una imagen más completa de sus habilidades.

Ejemplo: Si estás entrevistando a alguien para una posición de ventas, podrías preguntar: "Descríbeme una vez en la que tuviste que recuperar a un cliente insatisfecho. ¿Qué acciones tomaste y cuál fue el resultado?". El candidato debería responder describiendo una situación específica en la que un cliente se mostró insatisfecho, las acciones que tomó para abordar la queja y cómo esas acciones llevaron a la retención del cliente, destacando su capacidad para resolver conflictos y su enfoque en la satisfacción del cliente.

3. Escucha Activa

Una de las habilidades más subestimadas en una entrevista es la escucha activa. Es fácil concentrarse en la siguiente pregunta que planeas hacer, pero es aún más importante prestar atención a los detalles de lo que el candidato está diciendo. La escucha activa implica estar completamente presente, haciendo preguntas de seguimiento basadas en las respuestas del candidato y evaluando no solo lo que dice, sino cómo lo dice.

- Preguntas de seguimiento: A menudo, las respuestas iniciales de los candidatos pueden ser amplias o vagas. Las preguntas de seguimiento te permiten profundizar en aspectos específicos que te interesen. Por ejemplo, si un candidato menciona que fue responsable de aumentar las ventas en un 20%, podrías preguntar: "¿Qué estrategias específicas implementaste para lograr ese aumento en ventas?".

- Lenguaje corporal y tono: Presta atención al lenguaje corporal y tono de voz del candidato. ¿Parece seguro y cómodo al hablar sobre sus logros? ¿Titubea o duda cuando se le pregunta sobre ciertos aspectos? Esto puede darte pistas sobre su confianza y honestidad.

4. Crear una Entrevista Estructurada

Las entrevistas estructuradas son aquellas en las que los entrevistadores siguen un conjunto de preguntas predeterminadas y evalúan a todos los candidatos de manera uniforme. Las entrevistas no estructuradas, por otro lado, tienden a ser más flexibles, pero pueden llevar a evaluaciones inconsistentes. La clave es encontrar un equilibrio, teniendo una estructura básica que garantice que se evalúen competencias esenciales, pero dejando espacio para explorar áreas adicionales según la conversación fluya.

- Preguntas esenciales: Asegúrate de que cada candidato responda preguntas clave que se alineen con las habilidades y competencias más importantes para el puesto.

- Flexibilidad: Deja espacio para desviarte de las preguntas predeterminadas si surge un tema interesante durante la entrevista. Esto puede proporcionarte información valiosa que quizás no habrías obtenido de otra manera.

5. Evaluar la Adaptación Cultural

La adaptación cultural es tan importante como las habilidades técnicas, si no más. Un candidato puede tener todas las habilidades necesarias, pero si no encaja en la cultura de la empresa, es probable que no tenga éxito a largo plazo. Es importante evaluar si los valores, actitudes y estilo de trabajo del candidato se alinean con los de la organización.

- Preguntas sobre valores y trabajo en equipo: Pregunta sobre cómo prefieren trabajar en equipo, cómo manejan los conflictos o cómo se relacionan con compañeros de trabajo de diferentes departamentos. Esto puede darte una idea de cómo se integrarían en la cultura de la empresa.

Ejemplo: Podrías preguntar: "Descríbeme una ocasión en la que tuviste que trabajar con un equipo en el que los miembros tenían opiniones muy diferentes. ¿Cómo manejaste la situación y qué resultado obtuvieron como equipo?". Esta pregunta no solo te ayuda a entender las habilidades de trabajo en equipo del candidato, sino también su capacidad para gestionar conflictos y colaborar efectivamente en un entorno diverso.

Cerrar la Oferta y Asegurar la Aceptación

Llegar al final del proceso de selección con un candidato ideal es solo el primer paso; ahora debes asegurarte de cerrar la oferta de manera efectiva y garantizar que el candidato acepte. En el entorno actual, los candidatos, especialmente aquellos con habilidades demandadas, suelen tener múltiples ofertas sobre la mesa, por lo que es crucial hacer que tu oferta sea atractiva y convincente.

1. Ofertas Claras y Competitivas

Es esencial que la oferta que presentes sea clara y detallada, cubriendo no solo el salario, sino también los beneficios, oportunidades de crecimiento y condiciones de trabajo. Una oferta competitiva no solo se centra en el salario base, sino que incluye elementos adicionales que son valiosos para el candidato.

- Transparencia sobre el paquete de beneficios: Además del salario, los candidatos valoran otros beneficios como seguro médico, planes de jubilación, flexibilidad horaria y políticas de trabajo remoto. Explica claramente cada uno de estos beneficios y cómo se ajustan a las necesidades del candidato.

Ejemplo: "Además del salario base, ofrecemos un plan de pensiones generoso, seguro de salud integral para ti y tu familia, y la posibilidad de trabajar desde casa dos días a la semana. También nos enorgullece proporcionar oportunidades de capacitación continua para fomentar tu desarrollo profesional."

2. Personalizar la Oferta

Cada candidato es diferente, y una de las formas más efectivas de cerrar una oferta es personalizarla según las prioridades y necesidades del candidato. Durante el proceso de entrevistas, deberías haber recogido suficiente información sobre lo que valora el candidato, ya sea flexibilidad laboral, oportunidades de ascenso o un equilibrio saludable entre la vida laboral y personal.

- Mostrar flexibilidad: Si el candidato indica que valora el equilibrio entre vida y trabajo, podrías ofrecer una mayor flexibilidad en términos de horario laboral o trabajo remoto. Si está buscando crecer profesionalmente, podrías destacar las oportunidades de promoción o desarrollo dentro de la empresa.

Ejemplo: "Sabemos que el equilibrio entre el trabajo y la vida personal es una prioridad para ti, por lo que queremos asegurarte que en nuestra empresa promovemos una cultura de flexibilidad. Tendrás la posibilidad de ajustar tu horario según lo que funcione mejor para ti y tu familia."

3. Comunicar Oportunidades a Largo Plazo

Una de las mejores maneras de asegurar la aceptación de la oferta es hacer que el candidato vea un futuro a largo plazo en la empresa. Esto no solo implica hablar de crecimiento salarial, sino también de las oportunidades de desarrollo profesional, el apoyo a la formación continua y la posibilidad de asumir nuevos roles con el tiempo.

- Planes de desarrollo: Explica cómo la empresa apoya el crecimiento profesional de sus empleados y cómo el candidato podría avanzar dentro de la organización. Los candidatos quieren saber que hay espacio para crecer y desarrollarse.

Ejemplo: "En nuestra empresa, nos esforzamos por promover desde dentro, y ofrecemos un programa de tutoría que te permitirá aprender directamente de líderes senior. Además, brindamos acceso a recursos de formación y oportunidades de avanzar en función de tu rendimiento y contribuciones."

4. Mantener la Comunicación Abierta

La comunicación después de hacer la oferta es fundamental. No des por hecho que el candidato aceptará de inmediato. Mantén el contacto, responde a sus preguntas rápidamente y asegúrate de estar disponible para resolver cualquier duda que pueda surgir. Este nivel de atención puede marcar la diferencia en su decisión final.

- Seguimiento personalizado: Asegúrate de seguir en contacto regularmente después de hacer la oferta. Pregunta si tiene alguna duda o si necesita información adicional.

Ejemplo: "Sé que tomar una decisión importante como esta requiere tiempo. Si tienes alguna pregunta adicional o te gustaría discutir algún aspecto de la oferta en más detalle, estaré encantado de hacerlo. Estamos realmente emocionados con la posibilidad de que te unas a nuestro equipo."

5. Responder a Contraofertas

Es posible que, tras presentar una oferta, el candidato reciba una contraoferta de su empleador actual u otra empresa. En estos casos, es esencial mantener la calma y estar dispuesto a ajustar la oferta si es necesario. Sin embargo, también es importante no entrar en una guerra de ofertas.

- Centrarse en los valores y la cultura: Si no puedes mejorar la oferta económica, puedes reforzar los otros aspectos que hacen atractiva tu propuesta, como el ambiente de trabajo, las oportunidades de crecimiento o el equilibrio entre la vida laboral y personal.

Ejemplo: "Entendemos que es una decisión difícil, especialmente cuando tienes varias opciones sobre la mesa. Lo que creemos que nos diferencia es nuestra cultura orientada al desarrollo personal, donde te verás apoyado en cada paso de tu crecimiento profesional."

Las entrevistas y el cierre de ofertas son aspectos clave en cualquier proceso de contratación exitoso. Con una combinación de técnicas efectivas durante la entrevista y estrategias bien pensadas para asegurar la aceptación de la oferta, puedes no solo encontrar al candidato ideal, sino también convencerlo de unirse a tu equipo a largo plazo.

APÉNDICES: RECURSOS Y HERRAMIENTAS PARA EL RECLUTADOR DIGITAL

La tecnología ha transformado por completo el reclutamiento, especialmente en plataformas como LinkedIn, donde la búsqueda de talento ideal ha dejado de ser un proceso manual y arduo para convertirse en una experiencia más ágil, eficiente y estratégica. Sin embargo, no basta con saber manejar LinkedIn. Para maximizar los resultados, un reclutador debe conocer y dominar diversas herramientas y recursos que complementen y potencien su labor. En este capítulo, exploraremos un conjunto de herramientas imprescindibles que cualquier reclutador digital debería considerar en su kit de trabajo diario. Desde la automatización de procesos hasta la evaluación de candidatos, estas herramientas te ayudarán a optimizar tu tiempo, mejorar la calidad de los perfiles que seleccionas y garantizar un proceso de contratación más efectivo y profesional.

El reclutamiento ha evolucionado hacia un modelo 2.0, donde las competencias tecnológicas son tan importantes como las habilidades humanas de evaluación y negociación. Estas herramientas están diseñadas para brindarte insights valiosos, eliminar tareas repetitivas, y ayudarte a enfocarte en lo más importante: identificar y conectar con el talento adecuado para tu organización.

1. LinkedIn Recruiter

Es imposible hablar de herramientas de reclutamiento sin mencionar LinkedIn Recruiter, el producto estrella de LinkedIn para los profesionales de recursos humanos. Este es un software diseñado específicamente para la búsqueda avanzada de talento dentro de la plataforma. LinkedIn Recruiter permite realizar búsquedas altamente filtradas y personalizadas, lo que te facilita encontrar candidatos que se ajusten perfectamente a los criterios establecidos.

Entre sus principales ventajas, se encuentra la posibilidad de acceder a un número ilimitado de perfiles dentro de la red de LinkedIn, así como enviar mensajes directos a personas con las que no tienes conexión de primer grado, a través de InMails. También puedes organizar candidatos en carpetas, establecer alertas automáticas para recibir notificaciones cuando haya actualizaciones relevantes en los perfiles que te interesan, y colaborar con otros miembros de tu equipo mediante un panel compartido.

El uso de LinkedIn Recruiter es esencial si estás reclutando activamente para posiciones clave y necesitas realizar una búsqueda precisa en una base de datos que, actualmente, tiene más de 700 millones de profesionales en todo el mundo.

2. LinkedIn Talent Insights

Otra herramienta potente de LinkedIn es Talent Insights, que proporciona datos en tiempo real sobre el mercado laboral. A través de esta herramienta, puedes conocer las tendencias de contratación en tu industria, saber cuáles son los principales empleadores de determinados talentos, o identificar los lugares donde se concentra la mayor cantidad de profesionales en ciertos campos.

Esta herramienta es especialmente útil para realizar una planificación estratégica del talento, ya que permite a los reclutadores comprender mejor el mercado en el que están operando y ajustar sus estrategias en función de la información que reciben. Con Talent Insights, puedes crear informes detallados que muestran, por ejemplo, cuántas personas en una determinada región tienen las habilidades que necesitas, cuál es su tasa de rotación y qué empresas están compitiendo por el mismo talento. Esto te ayuda a posicionar mejor tu propuesta y a ajustar tu estrategia de adquisición de talento.

3. HubSpot para Reclutamiento

Aunque HubSpot es conocido principalmente como una plataforma de marketing, también es extremadamente útil para la gestión de candidatos y la comunicación en los procesos de reclutamiento. HubSpot permite a los reclutadores gestionar relaciones con los candidatos de manera eficiente, utilizando su CRM para hacer seguimiento de contactos, realizar tareas automáticas y mantener un registro centralizado de interacciones.

Este CRM puede configurarse para etiquetar a los candidatos en las distintas etapas del proceso de selección, programar seguimientos automáticos y enviar comunicaciones personalizadas. Además, permite la integración con otras plataformas, como LinkedIn o correo electrónico, para llevar un control exhaustivo del recorrido del candidato y asegurarte de que ningún perfil importante se quede sin seguimiento.

Una de las mayores ventajas de HubSpot es su capacidad para automatizar procesos, lo que te permitirá ahorrar tiempo en tareas administrativas y dedicar más tiempo a analizar a los candidatos que realmente interesan. Asimismo, te brinda la capacidad de colaborar de forma transparente con tu equipo y garantizar que todos tengan acceso a la misma información actualizada sobre los postulantes.

4. Calendly: Programación Simplificada

El proceso de coordinación de entrevistas puede ser uno de los aspectos más frustrantes y lentos del reclutamiento, especialmente cuando trabajas con candidatos que ya están empleados y tienen horarios difíciles. Calendly es una herramienta sencilla y efectiva que permite a los reclutadores eliminar el ir y venir de correos electrónicos para concertar reuniones. Simplemente configuras tu disponibilidad, envías un enlace al candidato, y ellos seleccionan el horario que más les conviene.

Calendly se sincroniza automáticamente con tu calendario, y también te permite configurar diferentes tipos de reuniones, por lo que puedes organizar entrevistas preliminares, técnicas o con múltiples participantes de manera rápida y sencilla. Además, se integra con plataformas de videoconferencia como Zoom o Microsoft Teams, lo que te permite programar entrevistas virtuales de forma automática.

El valor de Calendly en el proceso de reclutamiento es que te ahorra una cantidad significativa de tiempo al coordinar entrevistas, reduce los errores de doble reserva y te ayuda a ofrecer una mejor experiencia a los candidatos, lo que refuerza tu marca empleadora.

5. Applicant Tracking Systems (ATS)

Un ATS (Sistema de Seguimiento de Candidatos) es esencial para cualquier reclutador digital que maneje múltiples procesos de selección a la vez. Estos sistemas permiten centralizar y gestionar todas las solicitudes de empleo, facilitando la clasificación, evaluación y seguimiento de candidatos desde un solo lugar.

Existen muchos ATS en el mercado, y algunos de los más populares incluyen Greenhouse, Workable, Lever y SmartRecruiters. Estas plataformas permiten a los reclutadores publicar vacantes, recibir postulaciones, y evaluar candidatos de manera ordenada. También permiten integrar evaluaciones técnicas, pruebas de habilidades, e incluso realizar entrevistas en video dentro del sistema, lo que hace que el proceso de selección sea más eficiente.

Un ATS bien implementado es clave para mantener el control sobre grandes volúmenes de candidatos, asegurarse de que nadie se quede sin seguimiento y proporcionar una experiencia fluida tanto para el reclutador como para el candidato. La automatización de tareas repetitivas, como el envío de correos electrónicos o la programación de entrevistas, ayuda a reducir la carga administrativa y te permite centrarte en la evaluación cualitativa del talento.

6. Zoom: Entrevistas Virtuales sin Fricción

En la era post-pandemia, las entrevistas virtuales se han convertido en la norma, y Zoom es una de las herramientas más populares para llevarlas a cabo. Esta plataforma es sencilla de usar, ampliamente conocida por candidatos y reclutadores, y ofrece una calidad de video y audio robusta, lo que garantiza que las entrevistas se desarrollen sin problemas técnicos.

Zoom también permite grabar las entrevistas, lo que puede ser especialmente útil para compartir con otros miembros del equipo que no puedan estar presentes en tiempo real o para revisar más tarde detalles importantes sobre el candidato. Además, su función de salas de espera te permite gestionar el acceso de los candidatos y ofrecer una experiencia más profesional y organizada durante el proceso de entrevistas.

7. Hootsuite: Gestiona tu Marca Personal y la de tu Empresa

La presencia en redes sociales es fundamental para cualquier reclutador digital. Además de LinkedIn, plataformas como Twitter, Facebook y Instagram pueden ser espacios ideales para interactuar con potenciales candidatos y construir tu marca empleadora. Hootsuite es una herramienta de gestión de redes sociales que permite programar y monitorear publicaciones en varias plataformas al mismo tiempo, lo que te ayuda a mantener una presencia constante y activa sin necesidad de estar conectado todo el tiempo.

Puedes utilizar Hootsuite para compartir actualizaciones sobre vacantes, promover la cultura de tu empresa, interactuar con candidatos potenciales y establecerte como un líder de pensamiento en el área de reclutamiento. Una estrategia sólida en redes sociales no solo atrae talento pasivo, sino que también te posiciona como un reclutador moderno y conectado con las últimas tendencias digitales.

8. Crystal: Entiende la Personalidad del Candidato

Crystal es una herramienta fascinante que utiliza inteligencia artificial para analizar los perfiles de LinkedIn y otros datos públicos de los candidatos, con el objetivo de predecir su estilo de comunicación y personalidad. Esto puede ser extremadamente útil cuando estás a punto de contactar a un candidato por primera vez o preparándote para una entrevista.

Con Crystal, puedes obtener sugerencias sobre cómo adaptar tu comunicación para tener una mejor conexión con cada candidato, lo que aumenta las probabilidades de una interacción exitosa. Esta herramienta es especialmente útil en procesos de selección para roles de liderazgo o ventas, donde la comunicación y la afinidad personal juegan un papel crucial.

9. Grammarly: Profesionaliza tus Comunicaciones

El tono y la claridad en las comunicaciones son claves en el reclutamiento, ya que cada mensaje que envías refleja la marca empleadora de tu compañía. Grammarly es una herramienta de corrección gramatical que te asegura que tus mensajes sean claros, profesionales y sin errores. Esta herramienta es especialmente útil para los correos electrónicos de seguimiento, las descripciones de trabajo o incluso las publicaciones en redes sociales.

Además, Grammarly también te ayuda a adaptar el tono de tus mensajes según el contexto, sugiriéndote mejoras que pueden hacer que tu comunicación sea más persuasiva o accesible. Esto es fundamental cuando estás tratando de captar la atención de candidatos pasivos o negociando términos con los finalistas de un proceso de selección.

10. Hunter.io: Encuentra Correos Electrónicos

Una de las tareas más frustrantes para un reclutador es no poder contactar directamente a un candidato que ha identificado como ideal en LinkedIn. Hunter.io es una herramienta que permite encontrar direcciones de correo electrónico profesionales, lo que facilita enormemente el contacto directo con candidatos que aún no están en tu red.

Con esta herramienta, puedes reducir la dependencia de los InMails de LinkedIn y establecer una comunicación más directa y personalizada desde el principio. Hunter.io también ofrece una integración con CRM y plataformas de seguimiento, lo que facilita el registro y seguimiento de los contactos realizados.

El reclutamiento digital no se trata solo de identificar al mejor talento, sino de hacerlo de la manera más eficiente posible. Estas herramientas están diseñadas para eliminar el trabajo manual y repetitivo, permitirte tomar decisiones más informadas y mejorar la experiencia tanto para el reclutador como para el candidato. A medida que te familiarices con estas plataformas, verás cómo el proceso de reclutamiento se vuelve más ágil, preciso y gratificante.

En última instancia, la clave del éxito en el reclutamiento 2.0 es adoptar un enfoque tecnológico sin perder de vista el componente humano. Las herramientas mencionadas en este apéndice no reemplazan el juicio y la intuición del reclutador, sino que los potencian, ayudándote a concentrarte en lo que realmente importa: atraer, seleccionar y contratar al talento adecuado para tu organización.

Ejemplos de mensajes y plantillas: Cómo comunicarte eficazmente con candidatos en LinkedIn

Uno de los aspectos más importantes en el proceso de reclutamiento digital es la comunicación efectiva con los candidatos. El primer mensaje que envíes puede ser la diferencia entre captar la atención de un candidato valioso o perderlo para siempre. Especialmente en LinkedIn, donde los profesionales reciben múltiples mensajes al día, es crucial sobresalir con un enfoque estratégico, personalizado y bien pensado. Aquí te compartimos ejemplos de mensajes y plantillas que pueden ayudarte a mejorar la calidad de tus interacciones y maximizar tus resultados.

1. Mensaje de acercamiento inicial para candidatos pasivos

Los candidatos pasivos son aquellos que no están buscando activamente un empleo, pero podrían estar interesados si se les presenta una oportunidad atractiva. A menudo, estos candidatos no están revisando ofertas de trabajo, por lo que la forma en que los contactes es crucial. El mensaje debe ser breve, directo y relevante, pero al mismo tiempo lo suficientemente atractivo como para que el candidato quiera saber más.

Ejemplo:

Asunto: ¡Hola [Nombre]! Me encantaría hablar contigo sobre una gran oportunidad

Cuerpo del mensaje:

Hola [Nombre],

Espero que estés teniendo un excelente día. Mi nombre es [Tu nombre] y soy [Tu puesto] en [Tu empresa]. He estado revisando tu perfil en LinkedIn y me ha impresionado mucho tu experiencia en [mencionar habilidad o logro específico del perfil del candidato].

Actualmente estamos buscando a alguien con tus habilidades para unirse a nuestro equipo en [nombre de la empresa] como [nombre del puesto]. Creo que tu experiencia en [mencionar una experiencia relevante] podría encajar perfectamente con lo que estamos buscando.

Sé que no estás buscando activamente nuevas oportunidades, pero creo que esta podría ser una gran opción para ti. ¿Te interesaría una conversación rápida para explorar más detalles?

¡Me encantaría saber tu opinión!

Un saludo cordial,

[Tu nombre]

[Tu puesto]

[Información de contacto]

Análisis del mensaje:

En este mensaje, estás estableciendo una conexión personal al mencionar una habilidad o logro específico del candidato, lo que muestra que has revisado su perfil cuidadosamente. El tono es amigable y accesible, y no es demasiado agresivo, lo que es importante para no ahuyentar a candidatos pasivos que pueden no estar buscando activamente un cambio de empleo.

2. Mensaje de seguimiento después de la primera entrevista

Una vez que has tenido la primera entrevista con un candidato, es importante mantener la comunicación abierta y fluida. Un mensaje de seguimiento bien estructurado puede mantener al candidato comprometido en el proceso y demostrar que te preocupas por su experiencia.

Ejemplo:

Asunto: ¡Gracias por tu tiempo, [Nombre]!

Cuerpo del mensaje:

Hola [Nombre],

Quería agradecerte de nuevo por tomarte el tiempo para reunirte conmigo hoy y compartir más sobre tu experiencia. Fue un placer conocerte y aprender más sobre tu carrera en [mencionar algún aspecto relevante discutido durante la entrevista].

Realmente valoro tu interés en la posición de [nombre del puesto] en [nombre de la empresa], y estoy emocionado de ver cómo encajarías en nuestro equipo. En los próximos días, el equipo de contratación revisará todas las entrevistas, y te mantendré informado sobre los siguientes pasos.

Si tienes alguna pregunta adicional mientras tanto, no dudes en contactarme. ¡Gracias de nuevo por tu tiempo y entusiasmo!

Un cordial saludo,

[Tu nombre]

[Tu puesto]

[Información de contacto]

Análisis del mensaje:

Este mensaje es una forma respetuosa y profesional de seguir en contacto con el candidato después de una entrevista. Al reiterar tu aprecio por su tiempo y mostrar entusiasmo por su posible incorporación, refuerzas una experiencia positiva en el proceso de selección, lo que aumenta la probabilidad de mantener su interés.

3. Mensaje de rechazo amable

Una parte difícil del reclutamiento es enviar mensajes de rechazo. Sin embargo, la forma en que se maneja este proceso puede tener un impacto duradero en la percepción de la marca empleadora. Es importante ser profesional, honesto y amable, y dejar la puerta abierta para futuras oportunidades.

Ejemplo:

Asunto: Gracias por tu interés, [Nombre]

Cuerpo del mensaje:

Hola [Nombre],

Espero que estés bien. Quería agradecerte sinceramente por tu tiempo y esfuerzo durante el proceso de selección para el puesto de [nombre del puesto] en [nombre de la empresa]. Después de una cuidadosa revisión, hemos decidido avanzar con otro candidato en esta ocasión.

Sin embargo, quiero que sepas que fue una decisión difícil, ya que realmente valoramos tu experiencia y tu entusiasmo. Te animo a que sigas conectado con nosotros para futuras oportunidades, ya que tu perfil es muy relevante para nuestra industria y podría encajar en roles futuros.

Gracias nuevamente por tu tiempo y espero que podamos mantenernos en contacto. Te deseo lo mejor en tus futuros proyectos profesionales.

Un cordial saludo,

[Tu nombre]

[Tu puesto]

[Información de contacto]

Análisis del mensaje:

Este mensaje muestra empatía y respeto hacia el candidato, lo que es esencial para construir una reputación sólida como reclutador y mantener buenas relaciones a largo plazo. Además, al sugerir que podrían mantenerse en contacto, mantienes una puerta abierta para futuras oportunidades.

Recomendaciones de lectura y formación continua

El mundo del reclutamiento está en constante evolución, y para ser un reclutador de éxito, es esencial que estés en un proceso de aprendizaje continuo. Esto incluye tanto el desarrollo de habilidades técnicas como la comprensión de las tendencias del mercado laboral, la psicología del comportamiento, y las mejores prácticas en gestión de talento.

Aquí te presentamos algunas recomendaciones de lectura y recursos de formación continua que te ayudarán a mejorar tus habilidades y mantenerte al día en el mundo del reclutamiento.

Libros recomendados

1. "Who: The A Method for Hiring" – Geoff Smart y Randy Street

Este libro es una lectura fundamental para cualquier reclutador o gerente que desee mejorar sus habilidades de contratación. "Who" presenta un método estructurado para identificar, atraer y seleccionar al talento adecuado. Basado en entrevistas exhaustivas con líderes empresariales y estudios de casos, el libro proporciona una guía paso a paso sobre cómo evitar los errores comunes en el proceso de contratación y cómo crear un equipo de alto rendimiento.

La estrategia de contratación presentada en "Who" se basa en una fórmula llamada "Scorecard" que ayuda a definir el perfil ideal del candidato en términos de habilidades, actitudes y valores. Esta herramienta puede ser extremadamente útil para aquellos que buscan refinar su proceso de selección.

2. "Work Rules!" – Laszlo Bock

Este libro, escrito por el ex vicepresidente de People Operations de Google, Laszlo Bock, ofrece una visión interna sobre las estrategias de gestión del talento en una de las empresas más innovadoras del mundo. "Work Rules!" explora cómo Google ha logrado crear una cultura organizacional que atrae y retiene a los mejores talentos, y cómo estas lecciones pueden aplicarse en cualquier empresa, independientemente de su tamaño.

A lo largo del libro, Bock comparte consejos prácticos sobre cómo mejorar el proceso de contratación, cómo crear una cultura de transparencia y confianza, y cómo motivar a los empleados a rendir al máximo.

3. "The Talent Delusion" – Tomas Chamorro-Premuzic

En "The Talent Delusion", Tomas Chamorro-Premuzic, un psicólogo organizacional y experto en gestión del talento, desafía algunas de las ideas preconcebidas más comunes sobre lo que realmente es el talento y cómo identificarlo. El libro ofrece una visión profunda y científica sobre la evaluación del talento, argumentando que muchas veces las empresas buscan en los lugares equivocados o utilizan métodos ineficaces para medir el potencial de los empleados.

Este libro es esencial para los reclutadores que desean mejorar su capacidad para evaluar el potencial de los candidatos, en lugar de solo sus habilidades actuales. Chamorro-Premuzic también analiza el papel de la inteligencia emocional, la personalidad y las capacidades cognitivas en el éxito profesional.

Cursos en línea recomendados

1. LinkedIn Learning: Recruiting Foundations

LinkedIn Learning ofrece una amplia gama de cursos para reclutadores, y uno de los más útiles es Recruiting Foundations, un curso que cubre los fundamentos del reclutamiento, desde cómo crear descripciones de trabajo atractivas hasta cómo evaluar candidatos y manejar entrevistas. Este curso es ideal tanto para principiantes como para reclutadores experimentados que deseen repasar los conceptos básicos y mejorar sus habilidades.

Además, LinkedIn Learning ofrece otros cursos especializados en áreas como técnicas avanzadas de entrevista, reclutamiento inclusivo, y gestión de marca empleadora, todos impartidos por expertos del sector.

2. Coursera: People Analytics by Wharton School

Este curso de la Wharton School de la Universidad de Pensilvania en Coursera es una excelente opción para reclutadores que deseen entender mejor cómo utilizar los datos y la analítica de personas para tomar decisiones de contratación más informadas. En este curso, aprenderás a analizar datos sobre la fuerza laboral, realizar evaluaciones del rendimiento y comprender cómo las métricas pueden mejorar tus estrategias de reclutamiento y retención.

People Analytics es una habilidad cada vez más demandada en el mundo del recl

utamiento, ya que permite a las empresas tomar decisiones basadas en datos, en lugar de depender únicamente de la intuición o el juicio subjetivo.

3. Udemy: The Complete Recruitment Process for Talent Sourcing

Este curso en Udemy está diseñado para proporcionar una visión integral del proceso de reclutamiento, desde la búsqueda de talento hasta la evaluación y contratación. Cubre temas como el uso de LinkedIn para la búsqueda de candidatos, la creación de procesos de entrevistas efectivos, y las mejores prácticas para manejar múltiples vacantes a la vez.

Lo que hace que este curso sea especialmente útil es su enfoque en herramientas y tácticas específicas que puedes implementar de inmediato en tu trabajo diario como reclutador.

Podcasts recomendados

1. Hiring On All Cylinders

Este podcast es producido por Entelo, una plataforma de reclutamiento basada en datos, y ofrece una excelente visión sobre las mejores prácticas de reclutamiento. Los episodios incluyen entrevistas con expertos de la industria que discuten las últimas tendencias en adquisición de talento, tecnología de reclutamiento y estrategias para mejorar la experiencia del candidato.

2. The Recruiting Future Podcast

Matt Alder, un experto en innovación en el reclutamiento, es el anfitrión de este podcast, donde aborda los temas más actuales y relevantes para los profesionales de recursos humanos. Desde la automatización del proceso de selección hasta el impacto de la inteligencia artificial en el reclutamiento, este podcast es una excelente fuente de conocimiento para aquellos que desean estar a la vanguardia de las tendencias del sector.

Ser un reclutador efectivo en el entorno digital requiere una combinación de habilidades técnicas, herramientas adecuadas, y un enfoque estratégico y empático en la comunicación. Los ejemplos de mensajes y plantillas aquí descritos te proporcionan una base sólida para gestionar mejor las interacciones con candidatos, mientras que las recomendaciones de lectura y formación continua te permitirán mantenerte actualizado en un campo que está en constante evolución.

Recuerda que el éxito en el reclutamiento no es solo identificar al mejor talento, sino saber cómo atraerlo, evaluarlo y, finalmente, incorporarlo a la organización. Con las herramientas y conocimientos adecuados, puedes posicionarte como un reclutador moderno y efectivo, capaz de enfrentar cualquier desafío que el mercado laboral presente.

FIN

www.ingramcontent.com/pod-product-compliance
Lightning Source LLC
Chambersburg PA
CBHW070355230526
45471CB00006B/2575